万物如何运行
How It All Works

［英］亚当·丹特　绘　　＆　　［英］布莱恩·克莱格　著
（Adam Dant）　　　　　　　　　　（Brian Clegg）

黎璇　译

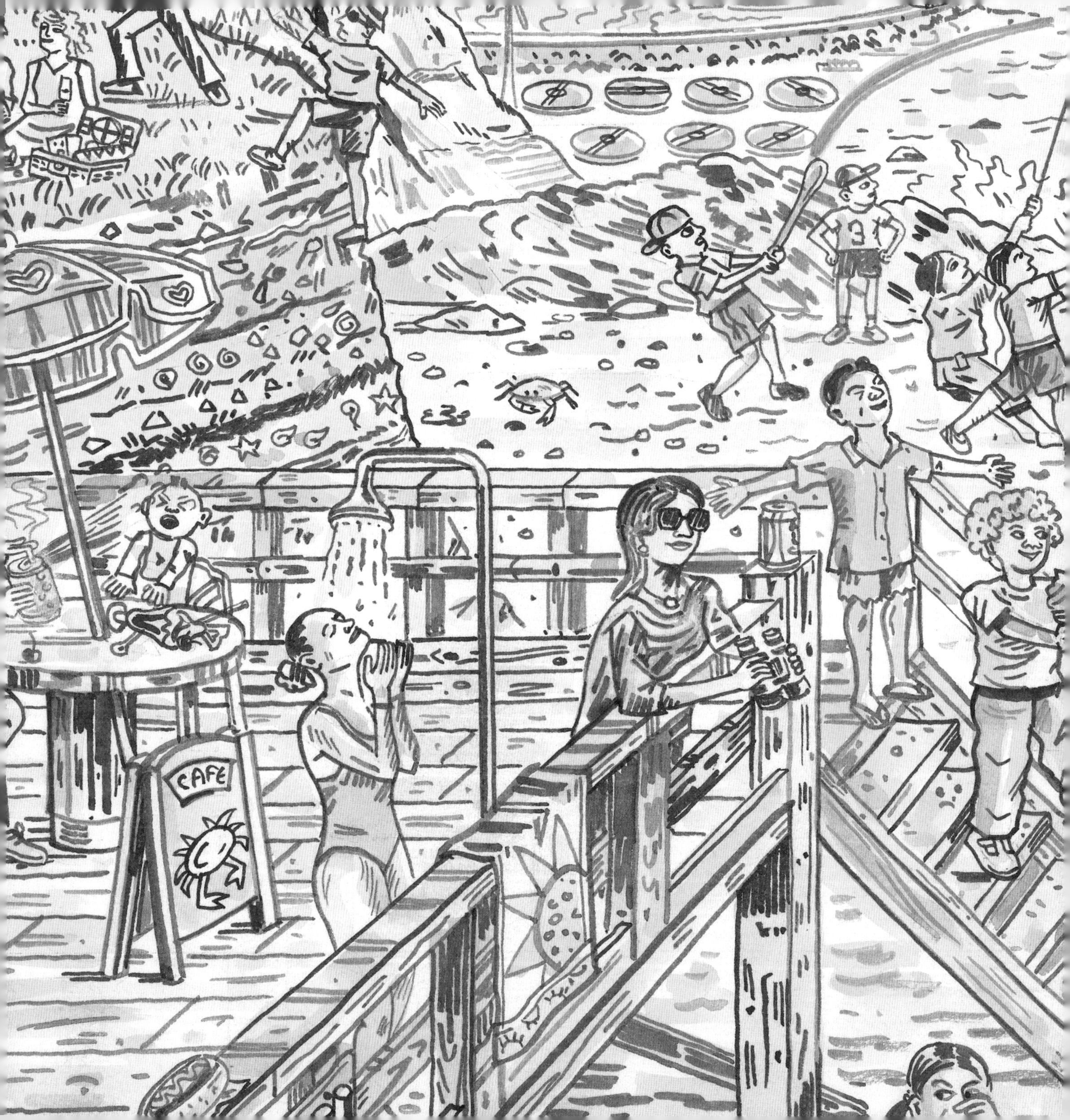
CAFE

万物如何运行
How It All Works

[英] 亚当·丹特 绘　&　[英] 布莱恩·克莱格 著
（Adam Dant）　　　　　（Brian Clegg）

黎璇 译

目　录

前　言
— 6 —

1　厨　房
— 8 —

2　房　屋
— 18 —

3　花　园
— 28 —

4　科学博物馆
— 38 —

5　医　院
— 48 —

6　城市广场
— 58 —

7　街　道
— 68 —

8 乡 村
— 78 —

9 海 岸
— 88 —

10 陆 地
— 98 —

11 地 球
— 108 —

12 太阳系
— 118 —

13 整个宇宙
— 128 —

参考资料

关键人物
— 140 —

定律与现象索引
— 147 —

前 言
Introduction

科学研究宇宙万物如何运行。科学的本质在于追求抽象的知识——其意义不言而喻。随着科学应用的发展，尤其在光学方面，科学研究日益实用化。借助科学，我们不仅可以体察事物运行的原理，还能够了解并运用技术造福日常生活。

定律与现象

亚当·丹特（Adam Dant）为本书创作的插画精彩纷呈、妙趣横生。通过这些插画，我们会发现：科学定律与现象在人类活动中随处可见，表现形式五花八门。定律与现象之别，只在毫厘之间。现象指的是宇宙中发生或存在的事物。现象俯拾皆是，从某个物体（例如，一颗恒星）到某种运行机制，例如某种液体的流动方式，甚至生命本身。科学定律则通过归纳将不同现象联系起来。

社会有人为制定的法律体系，宇宙却没有规则手册，我们没法对照情况翻查对应的结果。每一条科学定律都在努力揭示自然界的重复模式。杰出的美国物理学家理查德·费曼（Richard Feynman）指出："自然现象中蕴藏着……某种节奏和模式，这种节奏和模式无法一目了然，须得通过睿智的分析之眼来发现，这些模式被我们称为物理定律。"

定律往往呈现为以数学方式表达的预测。一些定律是实用性的观察结论。例如，克莱伯定律（Kleiber's law）发现，动物体重与其能量代谢水平相关，我们人类也适用于这一定律。这类定律不是理论，其内涵是："我们进行了大量观察，情况通常如此。"另一些定律则是理论性的概括，并且在特定条件下始终成立，尤其是物理定律。例如，牛顿运动定律准确地描述了物体在非高速状态下如何运动。

本书之道

书中的每幅插画对应一个特定的宇宙视角，视角从厨房开始逐步延展，穿过房屋、花园、科学博物馆、医院、城市广场、街道、乡村、海岸、陆地、地球、太阳系以及宇宙——亚当的想象力天马行空，构思别出心裁。在每一整幅插画中，在丰富多样的活动和事物背后，你将了解到46种不同的定律及现象——定律标记为" L "，现象标记为" P "。

蕴藏在插画中的定律及现象将逐一列出并辅以解说。限于篇幅，解说从简；一些概念委实复杂，在此只能观其大略。未尽之处，你可上网检索更多信息——平心而论，遇到高深的量子物理学，科学家也要抓耳挠腮。科学世界浩瀚无垠、日新月异，一本书显然无法尽数囊括，只能尽力择取出版时的代表性科学题材。

通过插画以及简洁的解说，你将感受到：我们所为、所感无一不在见证、参与科学现象，无一不为科学规律所引领、贯通。科学并不拘囿于校园或专业实验室，科学是万物运行的核心。塞缪尔·约翰逊（Samuel Johnson）曾经说过："一个人厌倦了伦敦，其实是厌倦了生活。"本书想说，如果有人表示对科学不感兴趣，也就是对生命、宇宙以及一切都不感兴趣。

关键人物

在本书结尾，你将看到13位"规则改变者"——这些关键人物深刻地影响了科学观念，影响了我们对万物运行原理的理解。每一章对应一位关键人物（你可在插画中找到该关键人物及其发现）。给科学名人堂提名向来是吃力不讨好的。我选择的标准在于：该人物推进了人类对宇宙运行规律的了解，而非根据知名度的高低。

这些科学家建立了我们对基本规律及现象的认识，他们大多生活在20世纪之前。1900年以来，科学新发现犹如雨后春笋，然而，除了量子物理学和混沌理论等少数领域，各学科此前已确立其基础。13位关键人物中仅有两名女性，原因就在于此。如果对近50年的一流科学家进行筛选，这一比例将大不相同。尽管在20世纪之前为科学求知作出贡献的女性为数不少，但受观念局限，当时科学界的女性比例极低。所幸，今时不同往日。

科学之美

《万物如何运行》这本书可以从互补的两个层面来感受。书中配有一系列精彩的插画；亚当·丹特（Adam Dant）不愧是哲尔伍德绘画奖（Jerwood Drawing Prize）得主，对宏大复杂的构图得心应手。他的插画不只是艺术品。细细观摩，每一幅插画都在多方位地展示：科学与技术无孔不入，联手塑造了我们与所在宇宙的关系。

19世纪英国诗人约翰·济慈（John Keats）有一件知名逸事：他指控牛顿"拆解彩虹"有罪，令自然之美沦为乏味的数学。然而，正如亚当的插画所示，科学与美并无分界。有了科学的观念，我们在欣赏自然壮美之际，还能回味其中的原理，岂不妙哉？

布莱恩·克莱格

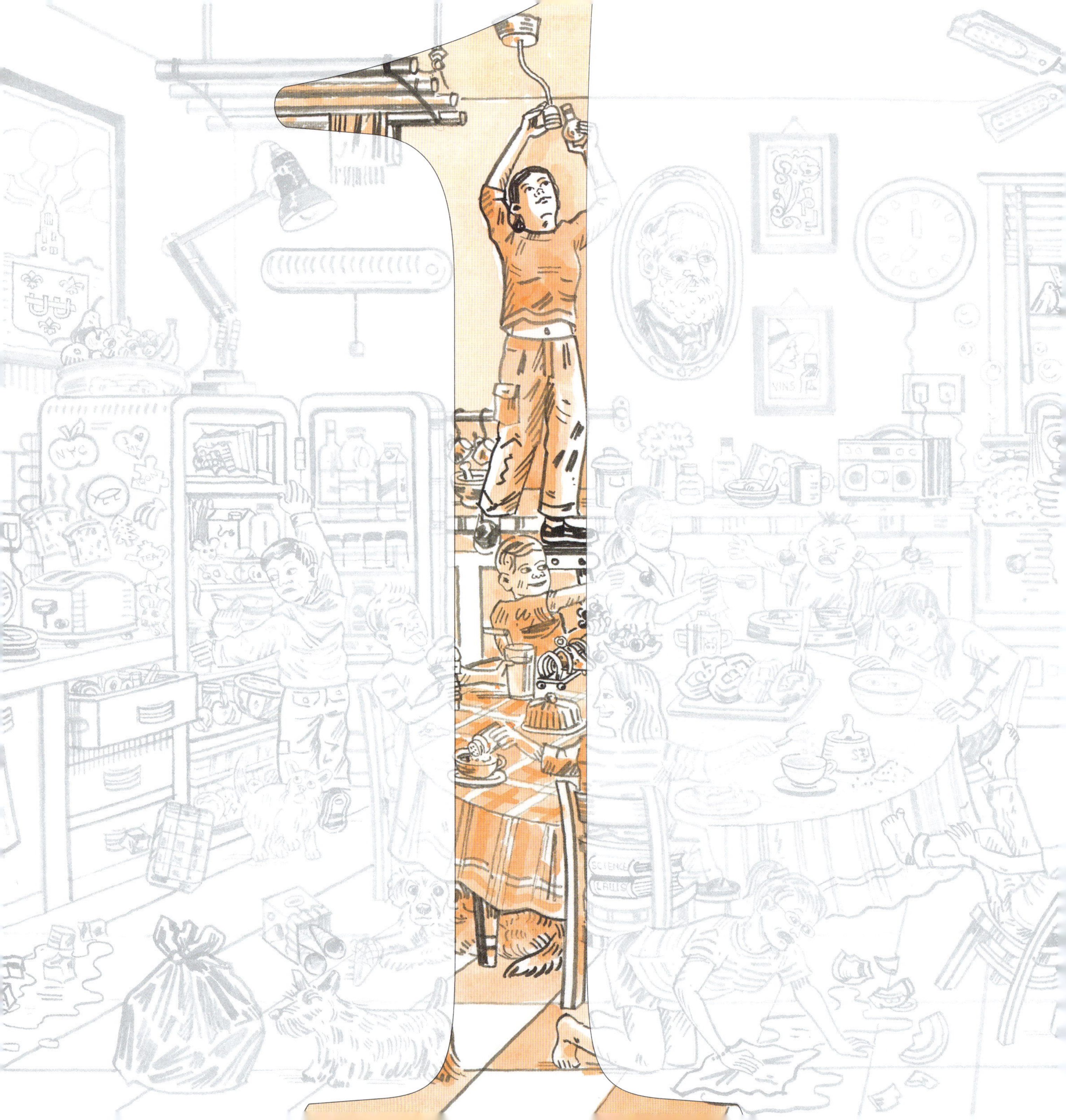
NYC
VINS
SCIENCE

厨 房

The Kitchen

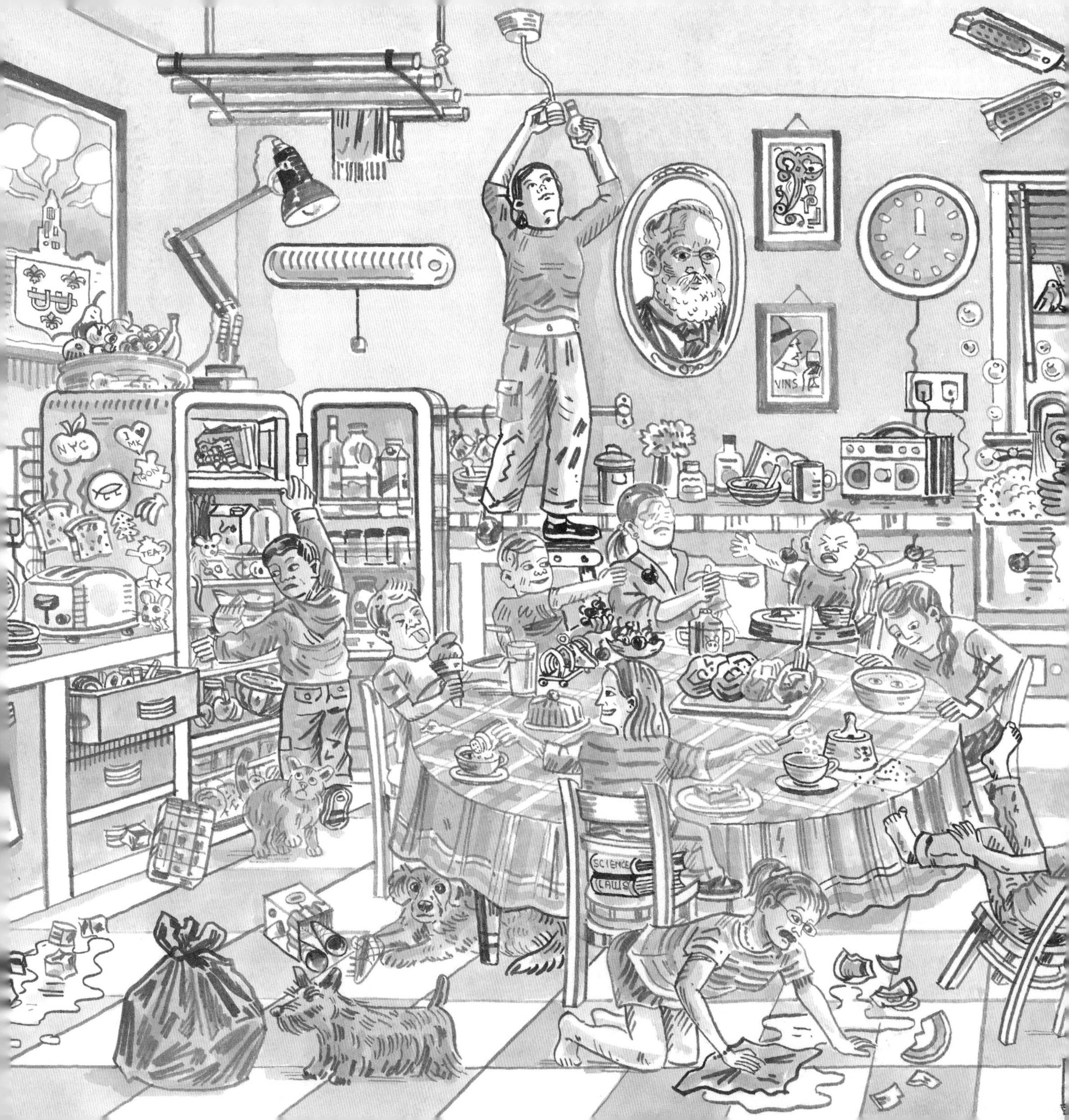
NYC
TEA
TX
VINS
SCIENCE
LAWS

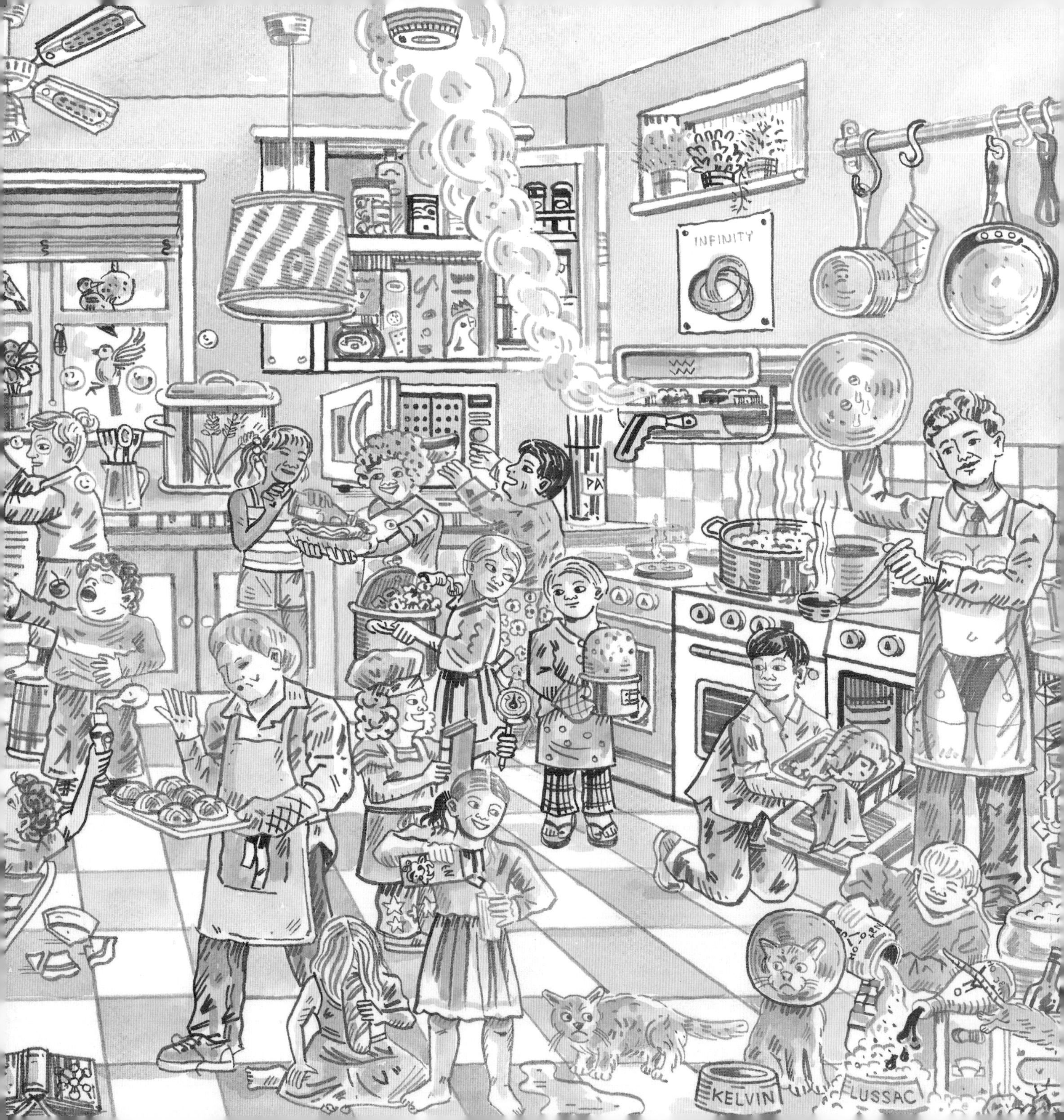
INFINITY
PA
KELVIN
LUSSAC

厨 房
The Kitchen

查理定律
在恒定的气压下,气体的体积与其温度成正比。发好的面团放入烤箱受热后,面团中的气泡体积增大,形成质地蓬松的蛋糕。

盖-吕萨克定律
气体的温度随压强变化。冰箱中的制冷剂(保持冰箱低温的化学物质)先压缩后膨胀,将冰箱内部的热量转移到冰箱背面的散热器。

法拉第电磁感应定律
电路中的感应电压取决于穿过电路的磁场强度变化率。平底锅放在接通电源的电磁炉上,通过电磁感应原理实现加热。

焦耳第一定律
电子元件产生的热量与其电阻成正比、与电流的平方成正比。这就是电烤吐司机的工作原理。

热力学第一定律
物体内能的变化等于其获得的热量减去对周围环境所做的功。从炉灶获得热量,平底锅内的能量增加了。

热力学第二定律
在封闭系统中,熵要么保持不变,要么增加。熵代表系统各部分可能的组合方式的多少。瓷器在打破后,可能的组合方式增多了,熵增加了。

热力学第零定律 Ⓛ

如果两个系统与第三个系统之间处于热平衡状态，那么这两个系统彼此也处于热平衡状态。所以，可用同一支温度计校准不同系统的温度。

毛细作用 Ⓟ

液体受到邻近物质表面的吸引，克服重力流入其狭隙。借助毛细作用，厨房纸巾吸去溅出的液体。

酸碱反应 Ⓟ

酸碱反应过程中，酸里面的氢离子（H^+）与碱里面的氢氧根离子（OH^-）结合生成水（H_2O）。醋（醋酸）和发酵粉（碱性的碳酸氢钠）反应还会释放出二氧化碳（CO_2）。

焦散曲线 Ⓟ

光线照射到液体表面发生反射和折射，产生明亮的光曲线。在盛有液体的碗中，经常可以见到这一现象。

绝热膨胀 Ⓟ

在该反应中，能量以功而非热的形式输出。谷粒中的水变成蒸汽；随着气体膨胀，谷粒变得蓬松、温度降低。

内聚力 Ⓟ

相同物质的分子之间相互吸引而聚拢。在蜡纸盒这类排斥性的表面上，液滴因内聚力而呈现近乎球形。

腹鸣 Ⓟ

胃肠内容物受胃肠道肌肉舒缩作用，经过小肠时发出隆隆声。

传导 Ⓟ

一种物质分子在快速移动时，碰撞、推动其他分子，热量发生转移。烤箱手套可以防止金属托盘上的热量传导到人的手上。

对流

分子的温度越高,移动的速度越快,流体密度就越低。因此,暖空气向上走。来自烤架的烟尘颗粒随热气飘向上方的烟雾探测器。

共价键

原子之间共用外层电子形成共价键,这是许多化合物的结合方式。食糖所含的化合物——蔗糖具有多个共价键。

溶解

固体溶解时,固体分子之间的键受到破坏。糖溶解在茶杯的热水中,因为水分子更能吸引糖分子。

涡流

除了沿电路流动的常见电流,导体内可感应生成回路式电流。受电磁炉的作用,平底锅锅底生成涡流而变热。

电致发光

一些材料在电流通过时会发光,半导体这一特性尤其突出。发光钟内有发光二极管,通电后会发光。

乳浊液

一些常规液体可制成均质流体。在均质牛奶中,液态乳脂被分解成非常小的液滴,与水混合成乳浊液。

酶解

酶常被用作催化剂,促进化学反应。人在咀嚼面包时,唾液中的淀粉酶会将淀粉分解成糖,有助于消化。

指数增长

指数增长意味着每个时间周期的增长率为一个常量,例如每小时翻一番。腐烂果实上的细菌不断翻番,快速增多。

发酵 🅟

发酵过程中，细菌或酵母等微生物分解碳水化合物，产生酒精、乳酸和二氧化碳。酵母分解大麦麦芽中的淀粉，生成啤酒。

离子键 🅟

离子之间的键——原子获得或失去电子而形成的电荷吸引。盐倒入茶水中，钠离子和氯离子之间形成离子键。

铁磁性 🅟

在具有铁磁性的永磁体中，微小晶体对齐排列形成磁场叠加。冰箱磁贴含有小铁磁体，所以能够附着在金属制的冰箱门上。

彩虹色 🅟

不同面的反射相互干涉，在透明层生成多种颜色。厨房水槽中的肥皂泡看起来是彩虹色。

荧光 🅟

物质受（通常能量更强的）光源刺激后发光。白色 LED 灯的荧光涂层受灯内蓝光刺激而发出白光。

潜热 🅟

达到沸点时，液体的温度不再受热上升，液体被蒸发。炉灶上，平底锅中的沸水始终是 100℃。

摩擦 🅟

接触面之间阻碍运动的相互作用。粗糙不平的橡胶鞋底抓住地板上的微小凸起，使搬托盘的男子更不易滑倒。

莱顿弗罗斯特效应 🅟

当液体落向温度高于其沸点的表面，液滴会被托浮在一层蒸汽上。平底锅中溅出来的液滴翩然滚过高温的炉灶表面。

美拉德反应
加热促使许多食物中的糖和氨基酸发生反应,致使食物发生褐变并散发出迷人的香气。肉类在烤箱中烘烤时,会发生这一反应。

非牛顿流体
非牛顿流体在压力下会变稠或变稀。拍击瓶子产生压力波,致使番茄酱更具流动性。

弯月面
由于容器壁的吸引力强于液体分子间的吸引力,液体分子沿容器壁上升。由于弯月面作用,玻璃杯中的水平面呈凹陷状。

奥氏熟化
奥氏熟化是指小晶体融化后形成更大晶体的现象。融化的冰激凌再次冷冻时会发生奥氏熟化,从而导致口感发生变化。

金属键
在金属内部,原子晶格的键合允许电子自由移动。这些自由电子将电流从插座传送到收音机。

抛物线轨迹
向前或向上抛出一个物体,物体在重力的作用下沿抛物线做曲线运动。抛出的樱桃遵循抛物线轨迹。

莫列波纹
光线穿过两道不全然重合的栅栏,形成明暗干涉图像。灯罩内外两层斜纹(在亮灯时)会产生莫列波纹。

蠕动
肌肉收缩导致食管蠕动,以推动食物进入胃肠。女孩借助食道蠕动将嚼碎的面包送入胃中。

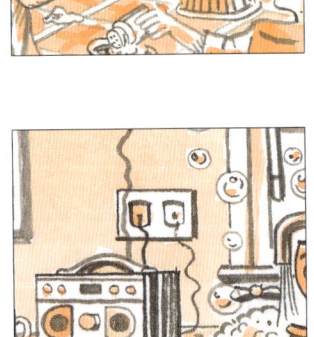

量子跃迁 ⓟ
原子周围的电子释放或接收光子（光粒子）能量从而改变能级，这类跃变被称为量子跃迁。灯泡中的电子发生量子跃迁，灯亮了。

淀粉糊化 ⓟ
热量和水分破坏了淀粉分子的共价键，使得淀粉的质地变得更加顺滑。在烘烤中土豆中的淀粉发生糊化，土豆变得更松软。

辐射 ⓟ
热量可以通过电磁辐射传递，其中红外线辐射的效率最高。加热器通过辐射将热量传递到周围。

强相互作用 ⓟ
该作用力使夸克结合形成质子和中子，其维系了原子核的稳定。一切物质（无论飞鸟还是鸟飞过的空气）均须强相互作用维持稳定。

瑞利-贝纳德对流 ⓟ
液体底部受热，向上传递热量，形成对流的循环漩涡（贝纳德元胞）；汤的表面由此出现规则形状。

波导 ⓟ
一种引导波的结构，可使能量损耗最小化。在微波炉中，一根矩形金属管将微波从发生器引导到炉腔。

孢子形成 ⓟ
生成孢子进行繁殖，常见于真菌、植物、藻类和原生动物。真菌孢子通过空气传播，落在腐烂的水果上，长出霉菌。

弱引力 ⓟ
引力是自然界最微弱的力，电磁力的强度是引力的万万万亿倍。冰箱磁贴的电磁力比整个地球的万有引力还强。

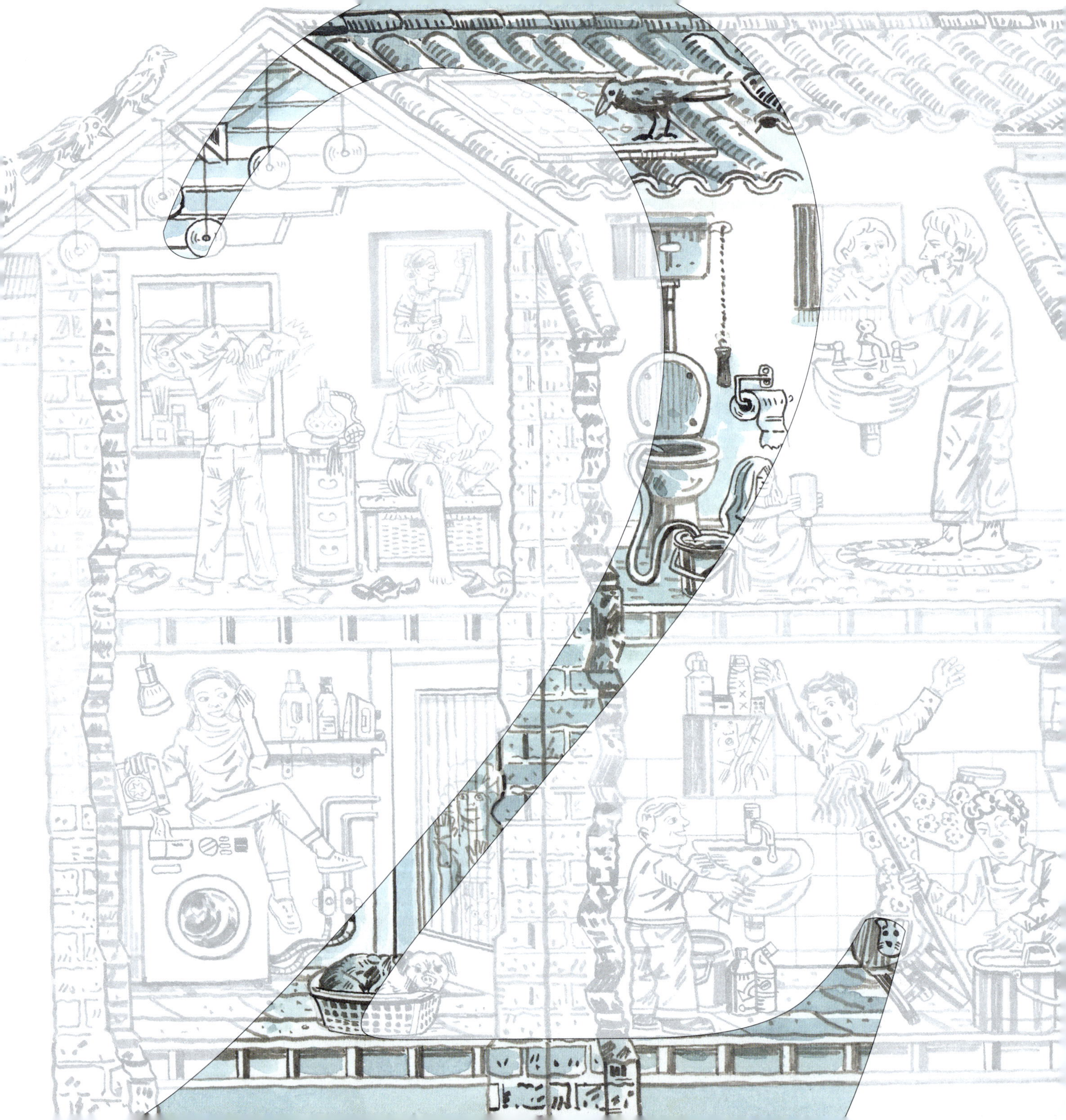

房 屋
The House

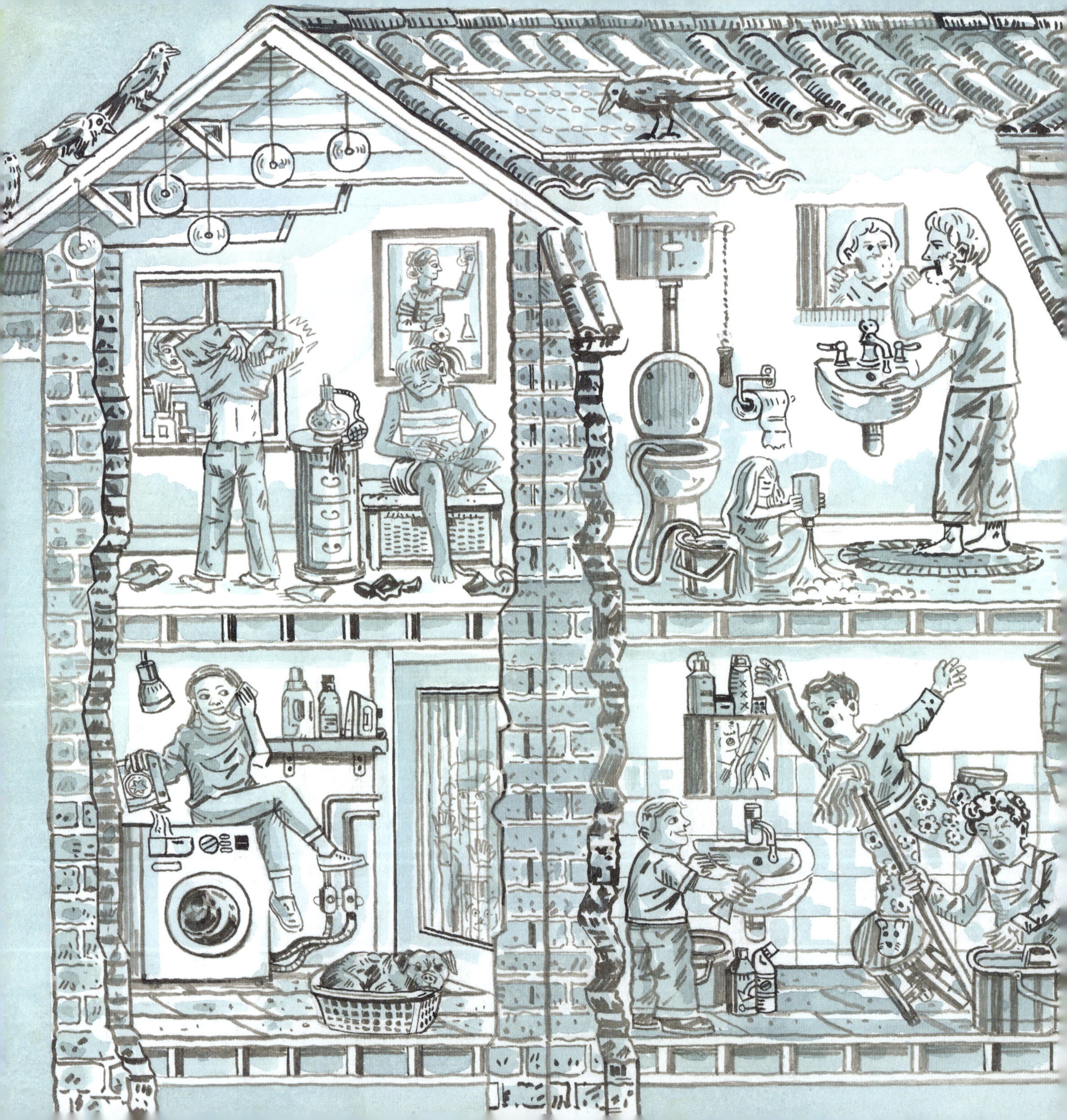

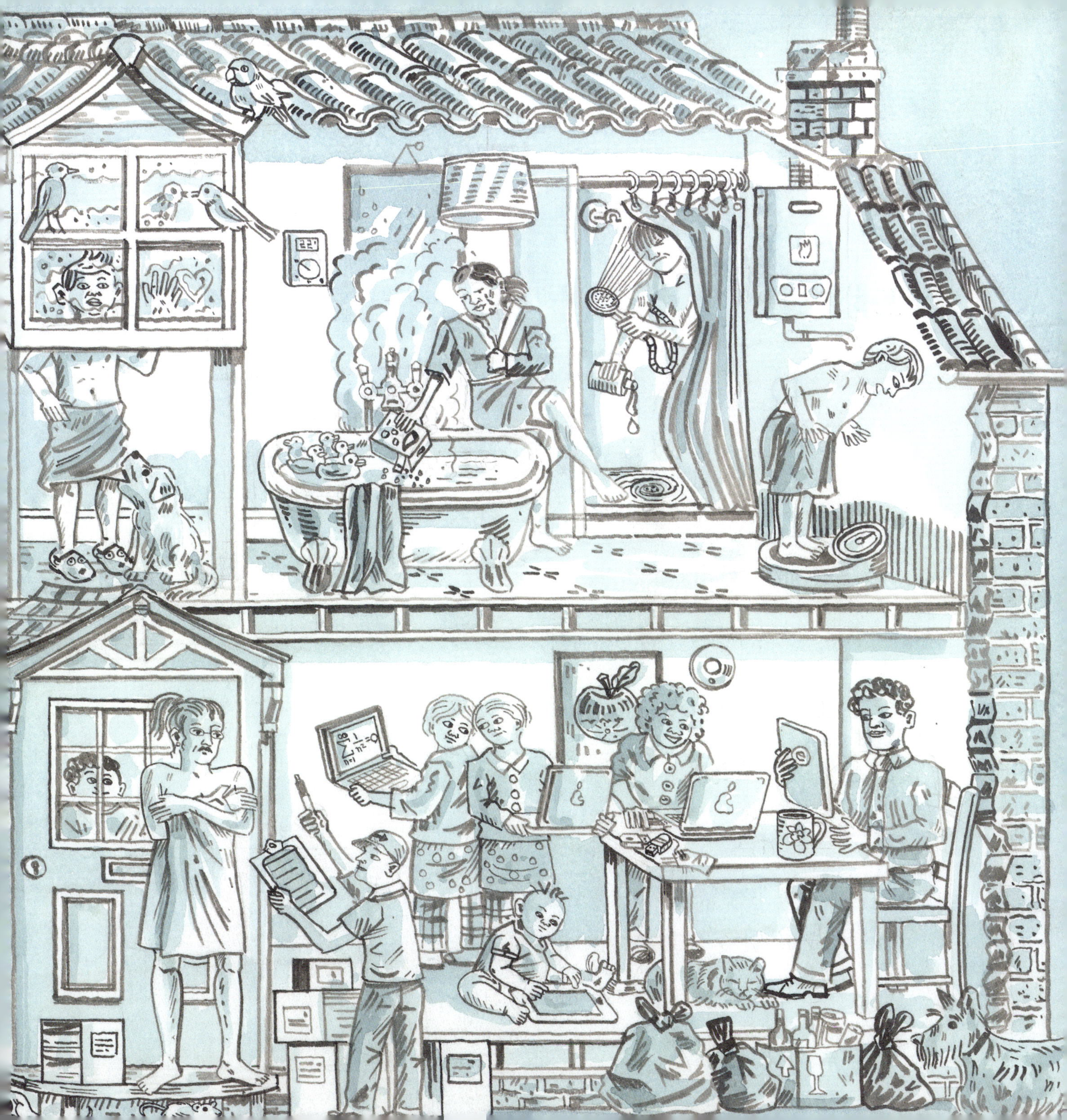

房 屋
The House

安培定律 Ⓛ
该定律描述了两根载流导线之间的相互作用。基于这一作用,洗衣机通过电磁阀来控制流入洗衣机中的水流。

洛伦兹力定律 Ⓛ
该定律阐释了电流的磁效应。电动机的原理基于此,例如洗衣机中的电机。

帕斯卡原理 Ⓛ
该定律描述了向密闭流体局部施压时,压力向其余部分传递的情形。液压上升背后的原理同样能解释为何挤压瓶身可以挤出洗发水。

热力学第二定律 Ⓛ
该定律描述了熵的变化(参见第12页),还表明:若无外来能量注入,系统内的热量会从温度较高的物体传递到温度较低的物体。如咖啡的热量会散发到周围的空气中。

酸 Ⓟ
酸发生反应时会接收其他物质原子的电子对或给出多余的质子(氢离子)。通过这类反应,部分酸可以去除水垢(碳酸钙),如醋或甲酸。

碱 Ⓟ
碱在反应时会向其他物质原子给出电子,或者接受氢质子,从而形成水分子。清洁产品所含的碱与油脂发生反应,形成类似肥皂的物质。

电容屏
手指触碰屏幕,触摸屏下方组件随之改变电容(储存电荷的能力)。平板电脑的触摸屏即为电容屏。

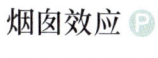

烟囱效应
烟囱底部的温度较高,导致热空气上升,烟雾随之腾空而起。

催化
催化剂能够提高化学反应效率,同时不消耗自身。在生物洗涤剂中,天然催化剂——酶,有助于分解污渍。

冷凝
当表面的温度足够低时,空气中的水蒸气与该表面接触会发生冷凝。朝外的浴室窗户冰凉,蒸腾的水汽在浴室的窗户上凝结成大量水滴。

重心
在重力作用下,物体的质量仿佛集中于一个点——重心。男孩由于重心偏向一侧而跌落。

宇宙射线
地球长期遭受来自外太空的高能粒子——宇宙射线的轰击。哪怕仅一个带电粒子穿过计算机的储存器或处理器,都能改变某个数值从而导致计算机崩溃。

喜瑞尔效应
喜瑞尔效应的名字源于早餐麦片品牌喜瑞尔。液面由于表面张力形成高度差,漂浮的微小物体趋向于相互聚拢。因此,图中的鸭子漂在一块儿。

溶解
浴盐的分子键相对较弱,容易被热水破坏(参见第14页)。

电磁力 ⓟ
原子内部近乎空无，得益于原子中带电粒子之间的电磁斥力，物体才不至于相互穿透。由于电磁力，狗不会跌穿地面。

反馈效应 ⓟ
根据系统状态的相关信息来调整系统状态。当温度达到中央供暖恒温器的设定值时，锅炉会停止运行，温度下降后再重新开始供暖。

发红 ⓟ
由于炎症或受伤等原因，该身体部位血流量增加，皮肤变红。图中女人的手被洗拖把桶里的热水泡红了。

费根鲍姆常数 ⓟ
这是一个自然常数：部分混沌系统会不断衍生更多的可能模式，其分岔的周期与该常数相关。水龙头滴水的节奏会按这个常数随着水压增大而变化。

蒸发 ⓟ
液体表面快速移动的分子从分子间的引力中逃脱，形成蒸汽。水温高意味着分子运动更快，蒸发量大。

隔热 ⓟ
运用导热性能差的材料来防止热量损失。窗户双层玻璃中间的空气夹层可以起到隔热作用。

蒸发冷却 ⓟ
液体表面发生蒸发，消耗能量，表面的温度降低。图中人的身体湿漉漉的，因为体表的水分蒸发而冷到发抖。

凯伊效应 ⓟ
在落向一个表面时，剪切稀化流体受剪应力作用，会间歇性喷起一束束液体。图中小女孩挤出来的洗发水表现出凯伊效应。

液晶

液晶是兼具液体和晶体部分性质的物质。有些液晶被施加电压后会改变偏振态,从而能够调节光线通过的量。平板电脑的显示屏基于液晶技术。

麦克斯韦颜色三角形

该图像展示了红色、绿色和蓝色在不同浓度下可以调和出各种颜色。智能手机等设备的彩色屏幕通过像素来显色,每一个像素都集合了红、绿、蓝三色。

机械增益

机械增益是指借助杠杆等机械形成力的放大。镊子是较费力的杠杆,机械增益小于1,其施力点比合力作用点更靠近支点。

不透明度

光被物质吸收而不能继续沿同一方向传播,所以无法穿过该物质。毛巾遮住了下方的物品,因为毛巾的材质是不透明的。

部分反射

当光子撞上透明的物质时,部分光子穿过该物质,部分光子会被反射。大多数光子穿过了玻璃,仍有少数光子会被反射回来:当窗户的另一侧相对较暗时,我们会看到反射形成的倒影。

光电效应

部分材料在光照下会产生电流,半导体是其中的代表。太阳能电池板利用太阳光发电。

最小作用量原理

自由运动的物体会选择最小化作用量的飞行路径,作用量的大小取决于动能和势能之差。水滴从花洒中喷出,其路径遵循这一原理。

量子电动力学反射

残缺的镜子会发生特殊角度的反射。CD光盘在特定角度会形成多彩反射,这是因为用于存储音乐的光盘凹槽干涉了部分反射。

量子隧穿 P

由于分布的概率性，电子和光子等量子粒子不穿过屏障也能出现于屏障的另一侧。在未来，U盘可以利用量子隧穿技术将信息存储于闪存。

虹吸 P

通过重力和压力差，高处的液体越过中间的至高点输送至较低处。如图所示，抽水马桶中的水正这样流出来，一些马桶还借助虹吸作用用U形管排水。

放射 P

过大的原子核会发生衰变，衰变为更小的原子核并射出粒子，这一过程就是所谓的放射。烟雾探测器利用放射性粒子的电离效应来探测烟雾。

镜面反射 P

镜面反射是波的经典反射，反射角与入射角一样（方向不同），例如光投射在镜面上。如图所示，鸟儿可以在窗户玻璃上看到自己的样子。

混响 P

声音没有立刻衰减，而是经过多个面反射，传播了更长的时间。得益于坚硬平滑的反射面，歌手的声音产生了混响效果。

强相互作用 P

在强相互作用下，夸克结合组成原子核中的质子和中子。物质的大部分质量源于强相互作用的能量。如图所示，这位男士的大部分体重源于原子之间的强相互作用。

浴帘效应 P

花洒打开后，浴帘会向花洒一侧鼓起；原因是水流降低了气压。如图所示，浴帘贴向正在洗澡的男人。

表面张力 P

液体分子会相互吸引，例如水。液体表面受到向内的引力更大，导致液体表面面积最小化。图中水龙头下的水滴就是这样形成的。

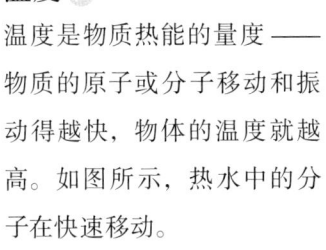

温度
温度是物质热能的量度——物质的原子或分子移动和振动得越快,物体的温度就越高。如图所示,热水中的分子在快速移动。

文丘里效应
经过窄小通道时,流体压力下降而速度增加。香水喷雾器利用文丘里效应喷出细小的液滴。

半透明
光可以穿过半透明材料,但会发生散射,因此我们看不太清楚半透明材料的另一侧。图中门上的磨砂玻璃为半透明材料。

虚像
镜中图像并非实体,看似和所反映的物体一样,只不过是位于镜子另一侧等距处的投影。图中刮胡子的男人仿佛身处镜子的另一侧。

透明
光可以通过透明材料,而且不会发生明显的散射。只有极少光子会被原子吸收,再从其他方向射出。图中玻璃是透明的,窗户外面的人可以看见室内的情景。

涡流
涡流指围绕中心轴旋转的流体流。水从排水孔中流下去,呈漩涡状(涡流方向取决于地理位置的说法不可信)。

摩擦起电效应
由于原子外层的电子极易发生转移,部分材料经摩擦可产生电。人造纤维可摩擦起电,男子脱下衬衫时受到轻微电击。

轮轴
轮轴机械可放大作用于轮轴外侧的力。拉动卷轴上的卫生纸时,卷轴受到(被放大的)力的作用而发生转动;纸实际受到的力较小,不会被撕破。

3

花 园

The Garden

BBQ
BEER

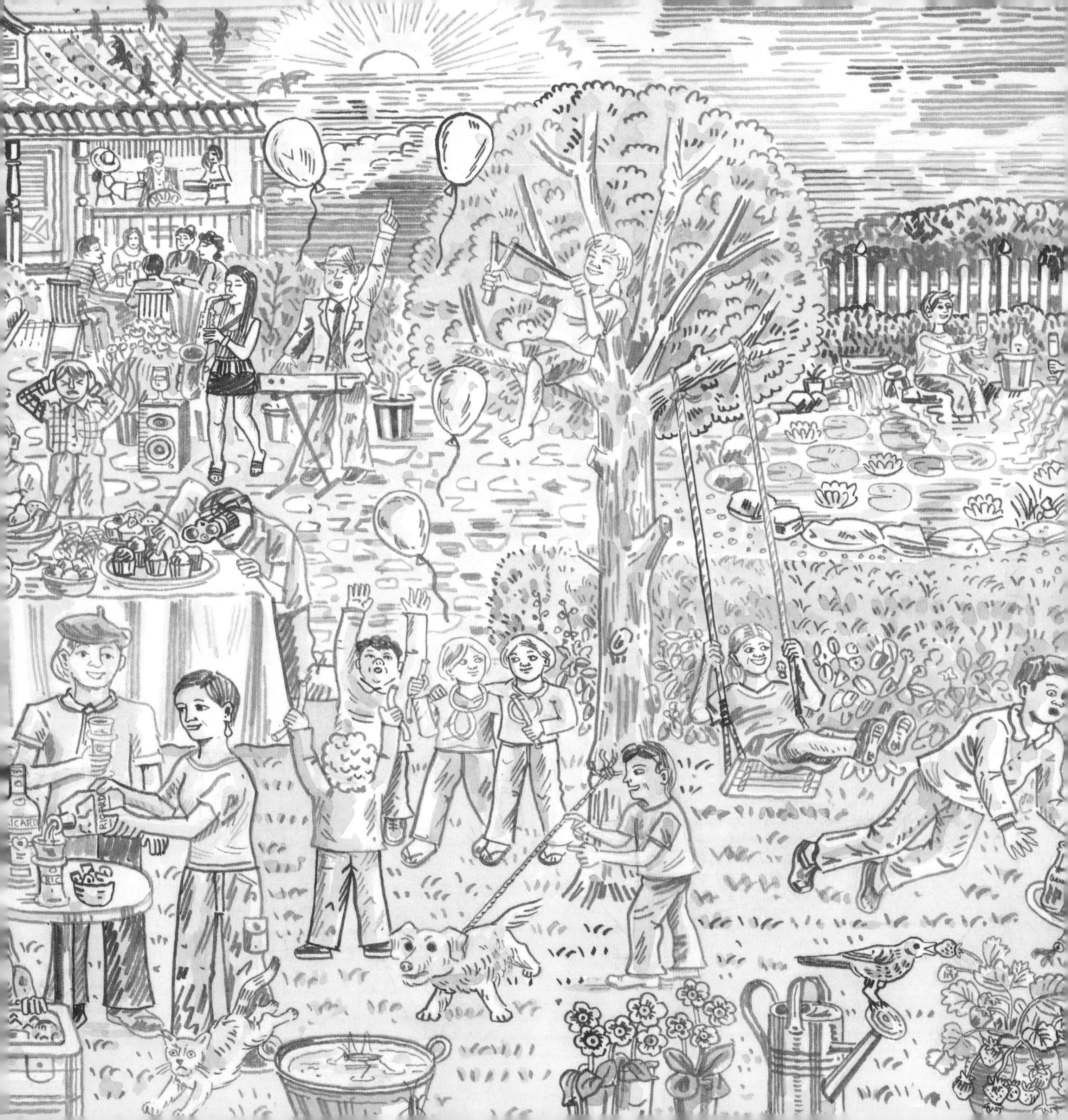
RICARD
RIC

花 园
The Garden

阿伏伽德罗定律 L
当温度和压力相同时,体积相同的气体包含相同数量的分子。气球中的氦分子比空气中的绝大多数气体分子轻,因此在分子数量相同的情况下,气球会在空气中飘升。

布儒斯特定律 L
根据该定律可知:光以特定角度射向物体时,反射光为偏振光 —— 这种光波在前行时沿一个固定的方向振动。水池反射的光是偏振光。

本生 - 罗斯科定律 L
这条互易律指出,光敏材料的反应取决于曝光的强度和持续的时间。在傍晚,眼睛很难在昏暗的光线下看清细节。

动量守恒 L
动量等于物体质量乘以其速度,动量遵循守恒定律。一个系统的总动量守恒。秋千上的女孩撞到人后失去部分动量,被撞的男孩则获得动量。

热力学第一定律 L
根据热力学第一定律,一个系统内的能量守恒。来自女孩身体内营养物质产生的化学能,即原子之间电磁场能量,转化为动能(运动的能量)和势能(秋千荡高时的重力能)。

盖 - 吕萨克定律 L
该定律表明,对于固定体积的气体,其压强随温度变化而变化。烟花点燃后,密闭的气体由于温度快速上升而产生高压,最终爆裂而出。

胡克定律 L

该定律指出，在正常拉伸的情况下，弹簧所需的拉伸力与弹簧伸长的长度成正比。要把弹弓拉得更满，男孩就得越用力。

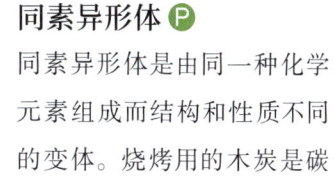

勒夏特列原理 L

该定理也被称为平衡定律：概括来说，当一个系统发生变化时，系统会做出反应，以减弱变化带来的影响。摇晃后，瓶子内的气压提高；打开瓶子，液体喷出，气压降低。

牛顿第三定律 L

该定律表明，每一个作用力都有一个大小相等、方向相反的反作用力。烟花火箭尾部喷出燃料；火箭被反作用力推向天空。

热力学第二定律 L

根据热力学第二定律，热量会从较热的物体转移到较冷的物体——比如，热量从热狗传导到人的手上。

同素异形体 P

同素异形体是由同一种化学元素组成而结构和性质不同的变体。烧烤用的木炭是碳的同素异形体之一，金刚石和石墨也是。

各向异性 P

物质的部分特征在不同方向上呈现出差异，也就是说物质具有各向异性。顺着纹理砍木头更容易，因为木头具有各向异性。

黑体辐射 P

黑体会吸收所有射入的光。黑体受热时会呈现出特定颜色——烧烤架上木炭发红的情形类似于黑体辐射。

空化 P

液体中的空化泡在破裂时会产生强劲的冲击波。蕨类植物利用这种空化效应飞快地排出孢子。

化学发光 Ⓟ
化学反应引起的光辐射。荧光棒的原理就是化学发光，荧光棒中间的间隔被断开后，荧光棒中的化学物质混合，发生化学反应出现荧光。

荧光 Ⓟ
荧光物质在吸收光线后会发出另一频率（颜色）的光。有些花在黄昏时愈发鲜艳，这是因为它们吸收紫外线后发出人类肉眼可见的荧光。

鸡尾酒会效应 Ⓟ
在人头攒动、人声鼎沸的环境中，我们的大脑能够辨别出特定的声音。多亏了这一效应，大家能在嘈杂的聚会中各自愉快地聊天。

绿闪 Ⓟ
当太阳处于在地平线或云层下时，太阳顶端会短暂地出现绿色的闪光，这是一种罕见的大气光学现象。

回声定位 Ⓟ
回声定位是利用声音反射来探测物体所在的位置。为了在弱光环境下捕捉昆虫，蝙蝠发出高频音波，根据音波反射来探测昆虫所在的位置。

吐水 Ⓟ
当根部吸取了过多水分后，一些植物叶片边缘会在晚上溢出液滴。图中的草和草莓发生了吐水现象。

斐波那契数 Ⓟ
在这一数列中，每个数字均为前两个数字之和，如 0, 1, 1, 2, 3, 5, 8, 13, 21……向日葵花盘中的种子按斐波那契数列排布。

泛音 Ⓟ
乐器一般不演奏纯音，发出的大多是泛音——不同音高的音结合产生的独特声色。同一个音用萨克斯管演奏，听起来迥异于键盘演奏，原因就在于泛音不同。

纵波 P
纵波周期性振动方向和其行进方向平行,而非垂直于行进方向。当声音以纵波形式穿过时,空气就像手风琴一样张张合合。

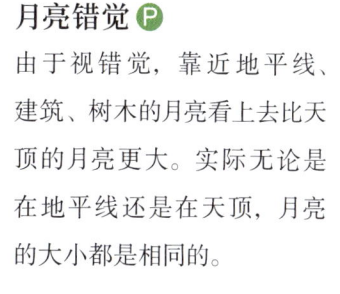

月亮错觉 P
由于视错觉,靠近地平线、建筑、树木的月亮看上去比天顶的月亮更大。实际无论是在地平线还是在天顶,月亮的大小都是相同的。

莲花效应 P
一些天然材料具有自清洁的特性。这些材料表面疏水,水在材料表面形成液滴,从而带走污垢。睡莲叶表现出莲花效应。

负压 P
如果一个气压比另一个气压低,那么其压强值相对为负。如图所示,男孩吮吸吸管时,吸管顶部的气压低于液体表面的气压,这一负压导致饮料升上吸管。

弱光视觉 P
在昏暗的光线下,光敏度更高的视杆细胞占据了主导地位。与对颜色敏感的视锥细胞不同,视杆细胞只能感知单色,所以眼睛在昏暗的光线下不能分辨苹果的颜色。

夜光云 P
当太阳被云朵或地平线遮住时,太阳依然能够照亮高空中的其他云,从而形成夜光云。

孟德尔遗传 P
基于亲本性状的基因遗传概念。格雷戈尔·孟德尔选用豌豆等植物进行实验,推导出孟德尔遗传规律。

感夜性 P
指夜幕降临后的植物活动。如图所示,一些花朵在晚上闭合花瓣,表现出感夜性。目前尚不清楚植物这一特性的意义。

渗透 Ⓟ

渗透是指液体从膜的一侧流入溶质浓度较高的另一侧。浇水后，植物通过渗透作用吸收土壤中的水分。

趋光性 Ⓟ

趋光性是生物体趋近或回避光的特性。受烛光吸引的飞蛾天生就懂得利用月光导航。

乌佐效应 Ⓟ

某些含油的酒精加水后会形成混浊的液体（微小油滴微粒的混合物）。由于乌佐效应，茴香酒在加水后会变成白色。

等离子体 Ⓟ

等离子体是固体、液体和气体之外的第四种物质状态。等离子体类似于气体，但组成成分是带电粒子离子（失去或获得电子的原子）。烛火中富含等离子体。

视差 Ⓟ

距离不同导致物体运动观测上的差异。孩子们跑动时，远处的月亮仿佛跟在他们后面，而近处的树木和栅栏似乎移动得更快。

偏振滤光片 Ⓟ

偏振滤光片可滤除特定方向的偏振光（参见布儒斯特定律，第 32 页）。图中女士太阳镜上的偏振滤光片经过调校，可以减少光线反射。

光电效应 Ⓟ

半导体或金属在光照下产生电流。夜视镜接收可见光及红外线后，利用光电效应产生电信号，这些电信号转换为可见光，即可揭开黑暗的面纱，让看见成为可能。

自组织临界性 Ⓟ

一些系统自然发展到临界点时会发生突变。沙堆具有自组织临界性——当沙粒累积得过高时，沙堆会突然坍塌。

自相似性 P

分形结构具有自相似性：仔细观察具有自相似性的物体，其局部与整体在结构上相似。蕨类植物具有自相似性，蕨类的叶子形似蕨类植物的植株。

焰色反应 P

根据物质受热后发出的光的颜色，可以鉴别该物质包含的金属元素。基于焰色反应，烟花制造商选用恰当的金属化合物制成不同颜色的焰火。

驻波 P

两列沿相反方向传播的振幅相同、频率相同的波叠加形成驻波；这些波不再前行，受环境限制驻留在一定位置。音乐家在萨克斯管中制造驻波，发出音符。

日落 P

太阳渐渐低垂，从黄白色变为红色。这是因为：光在空气中的传播距离越长，散射蓝光越多。所以，落日发出橙红色的光。

超级月亮 P

当月亮处在近地点，满月会比平常看到的月亮大 14%，被称为超级月亮。超级月亮是加强版的月亮错觉（参见第 35 页）。

表面张力 P

水分子相互吸引，这就意味着它不受阻力时趋于形成球形水滴。液体表面的水分子受到其他水分子的吸引，形成表面张力。女孩鼻尖的水滴是液体表面张力形成的。

超疏水性 P

部分物体具有优越的斥水性能，即超疏水性。水黾借助腿上大量毛发形成斥水性，因而能够在水面上行走。

波长 P

波的特性取决于其振幅（大小）和波长（波上两个相邻的相似点之间的距离）。由于狗绳末端被固定，狗绳晃动产生的波长受限，只能发出有限的声响。

E=mc²
$-\frac{\hbar^2 \partial^2 \Psi}{2m \partial x^2} = i\hbar \frac{\partial \Psi}{\partial t}$
SCIE
TESLA

科学博物馆

The Science Museum

$E=mc^2$

$$\frac{-\hbar^2 \partial^2 \Psi}{2m \partial x^2} = i\hbar \frac{\partial \Psi}{\partial t}$$

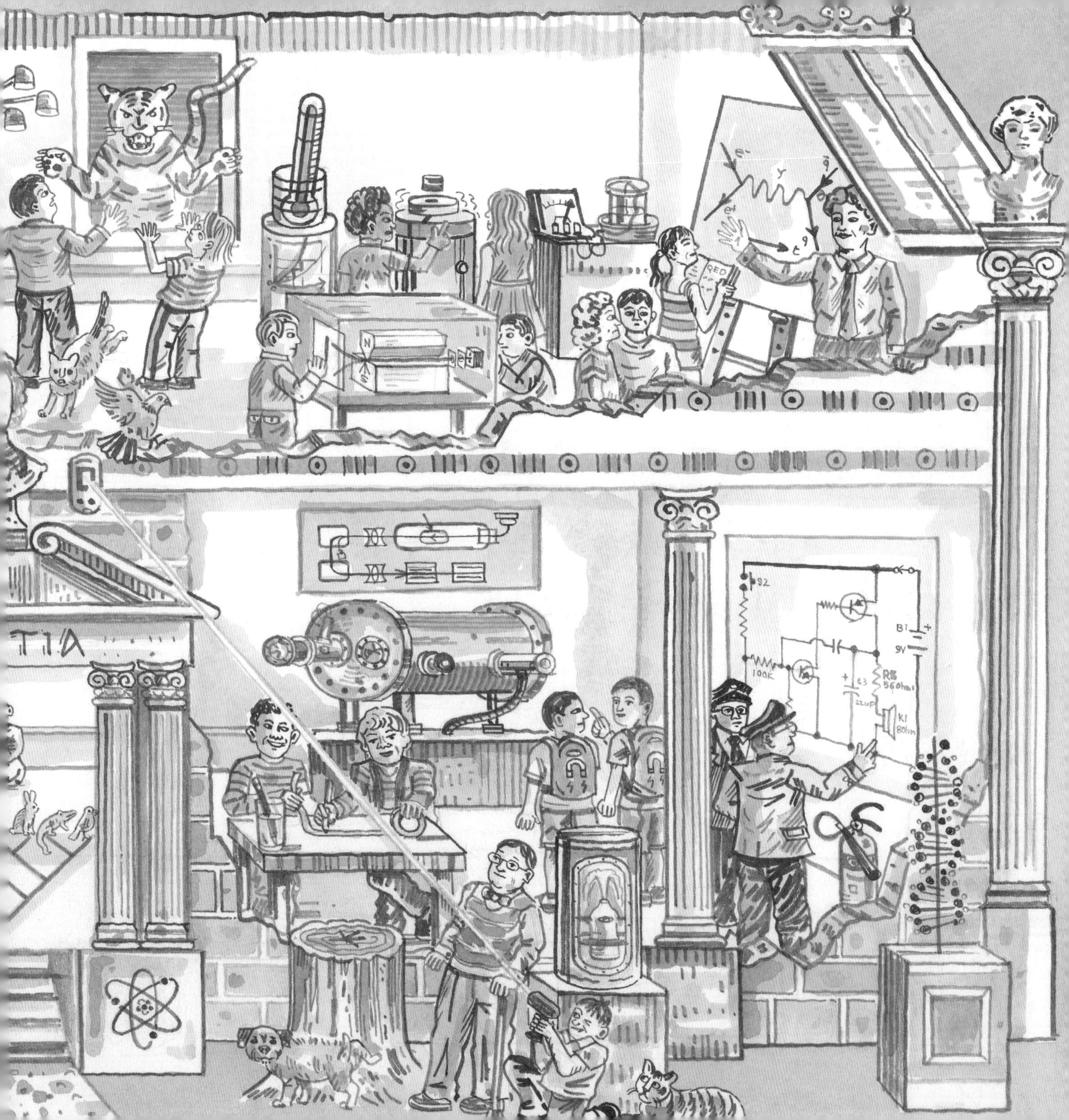

科学博物馆
The Science Museum

玻恩定则 Ⓛ
玻恩定则是一个量子物理学定律,用于判断粒子在一个位置出现的概率。镜子残破后,光粒子被反射的概率改变,光线以意想不到的角度被反射回来。

化学周期性 Ⓛ
元素的化学性质取决于原子最外层的电子数量:电子分布于不同电子层,在化学性质相似的元素之间存在周期性模式。元素周期表就此产生。

电荷守恒 Ⓛ
一个系统中的总电荷保持不变。范德格拉夫发电机将电子从金属转移到橡胶传送带,通过橡胶传送带积聚在圆顶。

费米黄金定则 Ⓛ
该定律用于估算半导体中电子失去能量并释放出光子的概率。这一概率决定了 LED 灯泡的亮度。

泡利不相容原理 Ⓛ
在一个系统中,两个电子不可能处于相同的状态(例如,相同的位置或能量)。这一原理是计算机芯片运行的基础,参见墙上的电路图。

粒子物理标准模型 Ⓛ
该标准模型是一种关于 17 种物质基本粒子和所有物理力(引力除外)的理论。粒子加速器碰撞实验中诞生了许多新粒子。

热力学第三定律 L
热力学第三定律指出：绝对零度（−273.15℃）不可能达到。冷却设备可以制造出接近绝对零度的温度，但永远达不到绝对零度。

原子结构 P
除了小而密的中心核和模糊云状的外层电子，原子内部近乎空无。类似"太阳系"的原子模型并不准确，只是一种通俗化的呈现；电子不会像行星那样沿着轨道绕行。

不确定性原理 L
该量子物理理论关联着成对的属性，例如能量与时间。对其中一个了解得越确切，我们对另外一个就知道得越少。显微镜下，可观测到金属板在粒子作用下相互靠拢，却不能观测能量波动下粒子的忽生忽灭。

玻色-爱因斯坦凝聚 P
这种特殊状态的物质能够急剧减缓光子的速度或俘获光子。图示实验中，光被暂时留在玻色-爱因斯坦凝聚体中。

无定形固体 P
固体多为晶体，部分固体的结构杂乱无规律。玻璃是典型的无定形固体。

碳定年法 P
碳含有放射性同位素——碳14。该元素会随着时间衰变，因此根据其现存量可推断出碳的形成时间。加速器质谱仪可用于测量现存的碳14。

原子核 P
原子的大部分质量集中于原子核。图示实验中，粒子射向金箔。部分粒子会被反弹回来，这证实了原子核的存在。

卡西米尔效应 P
真空中不断有粒子瞬间出现，又瞬间湮灭，由此产生的压力促使两个非常靠近的扁平物体贴紧。显微镜下，真空中两片中性（不带电）的金属板会相互吸引证实了这一效应。

支序分类学 P

该学科根据共同遗传祖先对生物的物种进行分类。如图所示：不同物种由共同祖先进化而来。

多普勒冷却 P

零电阻所需的极端低温可通过多普勒冷却借助激光来生成（参见第 47 页）。原子吸收光后，运动速度变慢，温度降低。这一原理可用于测量原子速度。

结晶固体 P

固体多为晶体，其原子呈周期性有序排列。碳具有多种结晶形式，如亮晶晶的黑色石墨。

$E=mc^2$ P

爱因斯坦指出，物质和能量可以相互转化；该方程描述了两者的转化关系，E 表示能量，m 表示质量，c 表示光速。

树木年代学 P

一个年轮代表一年的生长，年轮可用于判断树木的年龄，校准碳定年法测定的年龄。越往里的年轮形成得越早。

石墨烯 P

石墨烯由单层石墨原子构成，具有特殊的量子属性；其导电性极高。人们最初采用胶带不断去除石墨薄层来制备石墨烯。

DNA 结构 P

理清 DNA 结构是理解 DNA 作用的关键一步。图中的模型展示了 DNA 的双螺旋结构。

全息图 P

两束激光投射显示出来的三维图像。图中的老虎其实是平面图像，但在适当的光线和角度下看起来比较立体。

多世界假说 🅟

这一假说试图解释量子现象的奇特性，该假说认为：每一个事件都有多种可能的结果，不同的结果发生在不同的宇宙：在一个宇宙中猫死了，在另一个宇宙中，它还活着。

迈斯纳效应 🅟

当温度接近绝对零度时，一些材料会成为零电阻的超导体。转变后的超导体具有排斥磁场的迈斯纳效应，于是磁铁飘浮在超导体上方。

超材料 🅟

这种特殊材料具有负折射率，导致光线朝着与入水角度相反的方向弯曲。超材料被用于制作专业镜片和隐形衣，超材料可使物体周围的光线发生弯曲。

普朗克常数 🅟

该自然常数体现了光子的能量和其频率（颜色）的关联。光电效应被应用于数码相机、太阳能电池板以及门上方的光探测器，根据光子能量可判断光子的频率。

QED 🅟

量子电动力学（QED）是关于光与物质相互作用的学说。费曼图形象地展示了物质粒子和光子之间的相互作用。

量子纠缠 🅟

量子粒子无论相距多远，都能瞬时发生相互作用。量子纠缠可用于分发随机数来为机密消息加密。

量子自旋 🅟

量子粒子具有自旋的特性。这种自旋不同于旋转：目前我们只能观测到量子自旋的两个方向，向上或向下。图中，孩子们在观看探测量子自旋的斯特恩-盖拉赫实验。

量子叠加 🅟

量子粒子在被观测到之前可能处于多种不同状态，即叠加态。在薛定谔的猫这一"实验"中，一个处于衰变和不衰变叠加态的粒子控制着实验结果。

量子隧穿
量子粒子能够穿过本不可逾越的势垒，因为量子具有分布于势垒另一侧的概率。实验中，光隧穿了两个棱镜之间的间隙。

夸克禁闭
构成质子和中子的夸克受强力吸引，夸克之间离得越远，这种力会变得越强，这就是夸克禁闭。单独存在的夸克还未被观测到。粒子加速器运用极高的能量才能冲破这种禁闭。

放射性衰变
一些原子的原子核不稳定，会发生放射性衰变，在衰变中分解成多种粒子。放射性衰变是核辐射的来源，也是薛定谔的猫实验的结果触发条件。

折射
光穿过不同材料时，路径会发生弯曲；这是因为光在不同材料中的传播速度不同。铅笔在入水处好像发生了弯折，这是因为光在水中的传播速度更慢。

薛定谔的猫
一只猫被放入一个盒子，盒子中有放射性粒子、探测器和毒药。当放射性粒子发生衰变时，会触发毒药，杀死猫。由于放射性粒子处于既衰变又未衰变的状态，猫既死了又活着。

薛定谔方程
该方程说明了在不同位置找到一个粒子的概率。粒子的分布呈现为概率波，所以粒子（在双缝实验中）能够顺利穿过两条狭缝并发生干涉而形成明暗相间的图案。

狭义相对论
爱因斯坦的这一理论将时间与空间联系起来：物体的速度加快时，时间变慢，质量增加。在加速器中，粒子逼近光速时，我们可观测到相关结果。

光速
在一种介质中，光的速度是恒定的。借助激光器和探测器测得：从激光器到探测器的这段路程，光的速度约为每秒 299,700 千米。

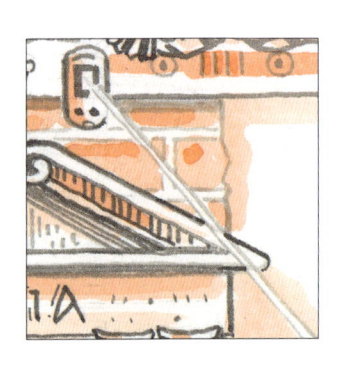

受激辐射 🅿

激光用一光子提高原子中某一电子的能量，然后借助另一光子激发释放该能量，产生光放大（受激辐射的光放大）的效果。

范德格拉夫起电机 🅿

这是一种产生静电高压的装置。触摸起电机圆顶，静电荷在人与人之间传输，大家的头发都竖起来。

超流体 🅿

一些液体在接近绝对零度时，会变成完全没有黏性的超流体。超流体一旦动起来，将永无止息从容器中流出。图中瓶口形成了自喷泉。

黏度 🅿

黏度是对黏性的量度。沥青是最具黏性的物质之一：沥青滴漏实验已经持续了90多年，仅滴落了9次。

超光速 🅿

光隧穿势垒不费一刹那，快过光速。在双棱镜实验中，光穿过棱镜的速度约为光速的四倍。

波粒二象性 🅿

量子或粒子表现出波动性。在双缝实验中，逐个发射电子与发射光线一样，结果都发生了干涉并形成条纹图案。

特斯拉线圈/感应 🅿

高压交流电周边会感应产生强电流。图中女性将荧光灯管凑近高压源，灯管亮了。

零电阻 🅿

一些材料在温度接近绝对零度时将完全丧失电阻，成为超导体。电流在超导体中流动不息，可以形成超强磁场。图中的仪表显示：电流强度爆表。

5

医　院
The Hospital

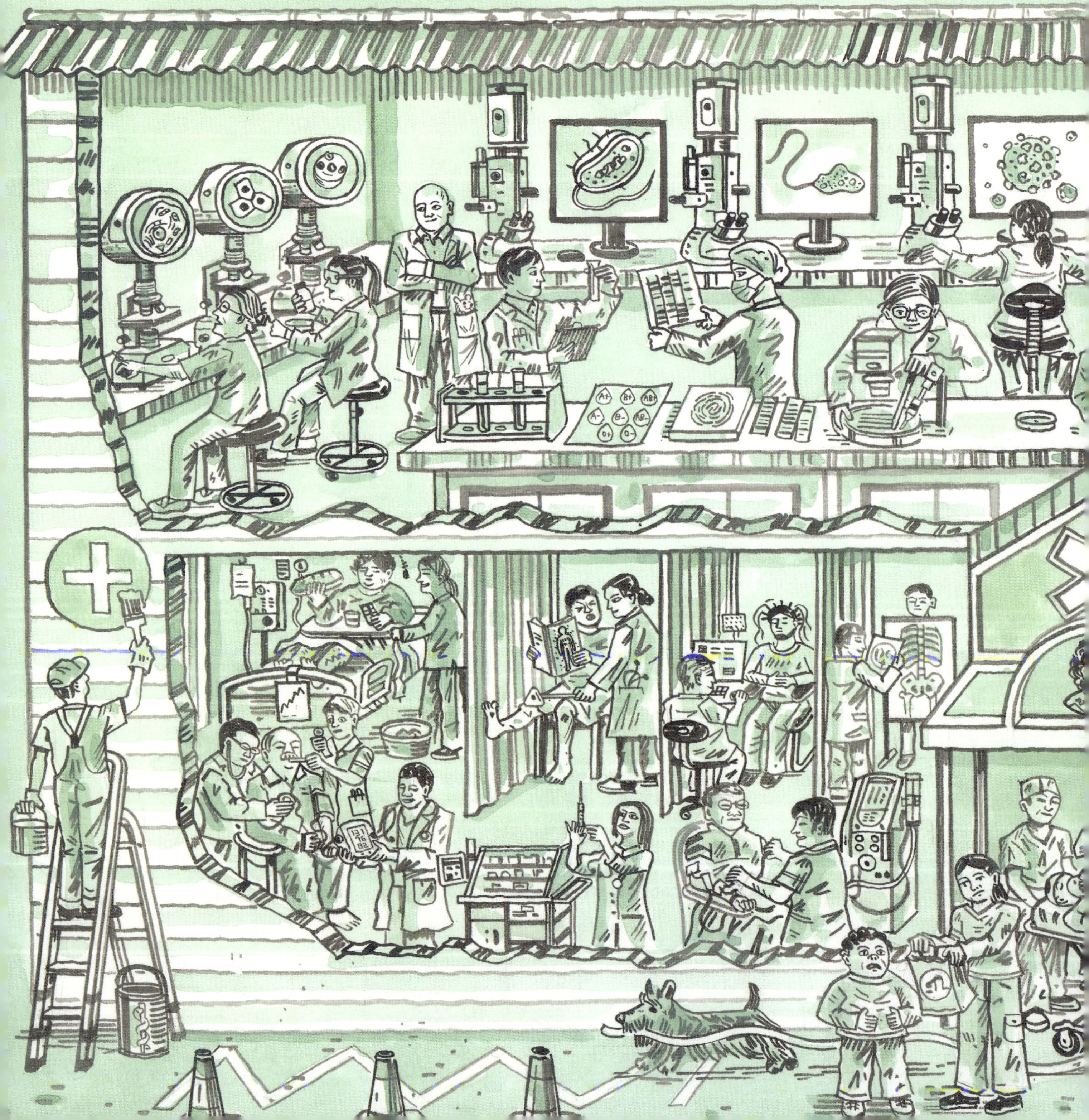
A+
B+
AB+
A-
B-
AB-
O+
O-

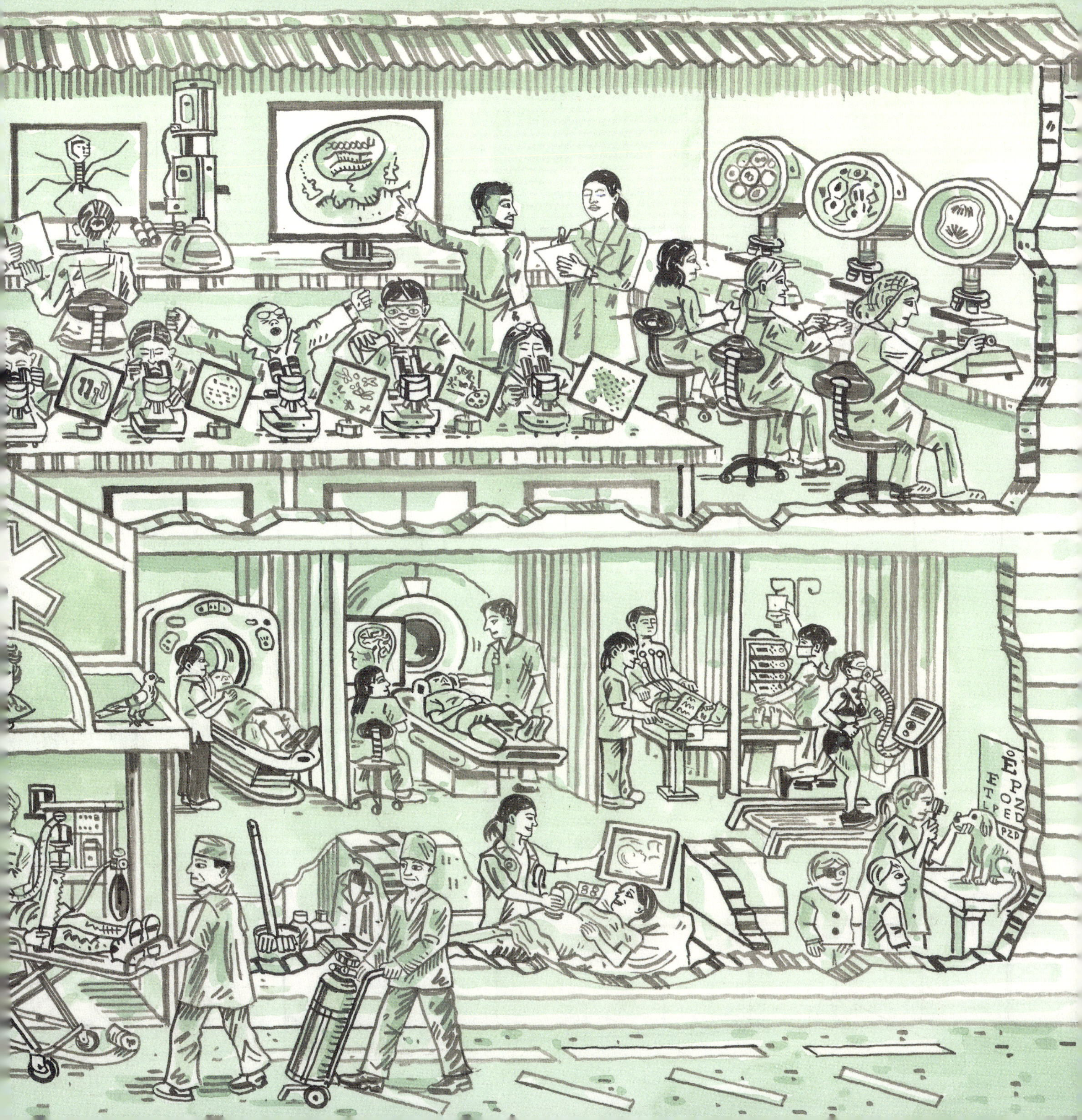
E
F P
T O Z
L P E D
P Z D

医 院
The Hospital

泊肃叶定律 L
该定律描述了流体通过长度远大于直径的圆管时的压力变化,例如,用于皮下注射的针管。

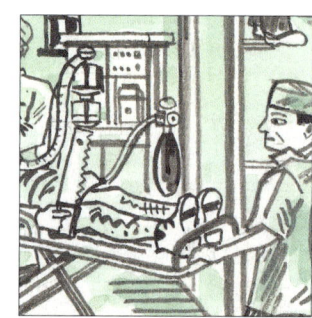

有氧／无氧运动 P
有氧运动借助氧气从碳水化合物中获取能量,例如跑步;无氧运动从葡萄糖中获取能量,无须氧气。图中的设备用于监测有氧运动。

麻醉 P
麻醉会抑制患者的知觉或意识,以实现医疗过程无痛感。麻醉可采用吸入、注射或口服等方式。

血管生成 P
新血管形成过程。男子腿部的伤口逐渐愈合,血管生成是伤口愈合的关键环节之一。

反物质 P
在PET(正电子发射断层造影)扫描仪中,患者体内注入的放射性物质释放出反物质(正电子),与电子相互作用产生伽马射线,从而被仪器检测到。

逆蠕动 P
逆蠕动也叫反向蠕动。肌肉运动起伏将食物推送过食管。图中男子忍住呕吐,食物又回到胃中。

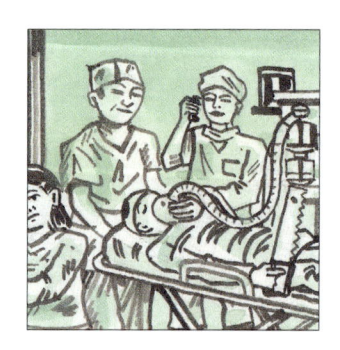

听诊
根据身体内部的声响来诊断身体的状况。听诊器可将声音传送到医生的耳朵里，是常用的听诊工具。

消化
将大的食物分子分解成身体可吸收的小分子。这个分解食物的化学过程发生在图中患者的消化系统中。

血型
血液可根据其中抗原的不同分为不同类型。如图所示，血型检测对于血型匹配、输血安全至关重要。

DNA 指纹
也称为 DNA 分析；这种 DNA 样本比对方法可用于判别法医材料以及确定亲子关系。在生成 DNA 指纹图谱后，即可进行比对。

CRISPR
这一技术能够精确编辑生物的 DNA，包括人类的 DNA。该技术未来很可能广泛运用于人类遗传疾病的治疗。

DNA 复制
DNA 的双螺旋结构分成两半，每一半都包含完整的遗传信息，均能够在细胞分裂时进行 DNA 复制。

透析
去除血液中多余水分和毒素的一种办法。透析机顶替了患者衰竭的肾脏。

心电图
心电图（ECG）仪通过皮肤上的电触头来监测心脏的电活动，检查心律和心脏功能是否正常。

脑电图 P
脑电图（EEG）仪通过头皮上的电极来检测大脑中的电活动。可用于诊断癫痫等各种脑部疾病。

鞭毛 P
许多细菌内部有一个分子马达，用于驱动外部鞭状结构——鞭毛，推动细菌行进。

内共生 P
内共生是有机体之间的互利关系。细胞中负责合成ATP能量储存分子的微小结构——线粒体曾经是细菌，与细胞演化为一种内共生关系。

基因 P
基因是DNA分子上的片段，储存着生物体运行所需特定分子合成的必要信息，特别是蛋白质。

表观遗传学 P
基因仅为DNA的一小部分。DNA其余的大部分包含着开关基因的机制。这种不涉及基因序列的DNA科学被称为表观遗传学。

止血 P
人体具有止血机制，血小板会使血液凝结。这是伤口愈合的第一步。

真核细胞 P
该细胞类型广泛存在于动物、植物、真菌以及人类当中。真核细胞以细胞核为中心，细胞核掌控着大部分遗传物质。

稳态 P
机体通过系统的调节机制，共同维持内环境的相对稳定状态。包括人类在内的哺乳动物通过多种稳态机制来维持身体恒温。

高血压 P
高血压是指人体动脉血压高于正常值。通过给绑带充气然后缓慢放气,血压仪可以测得血压的最高值和最低值。

减数分裂 P
在这个遗传过程中,个体的染色体(含有DNA的遗传分子)分裂并重新组合,形成精子或卵子中的遗传物质。

炎症 P
炎症是人的身体对感染或受伤的反应——免疫系统努力消除问题并启动修复时,身体会出现疼痛、发红和肿胀等症状。

代谢 P
代谢是对生物有机体获取能量、清除垃圾等过程的统称。吃下去的食物将维持患者的新陈代谢。

输液 P
输液泵将药液等输入患者的血管中。输液比肌肉注射更有效,肌肉注射适用于小剂量给药或定期给药。

有丝分裂 P
在这个过程中,真核细胞的细胞核一分为二,染色体复制完成后各自独立,细胞分裂形成两个细胞。

克雷布斯循环 P
线粒体内的一种机制,也称为柠檬酸循环。碳水化合物等能量源在克雷布斯循环中被转化为能量储存分子ATP。

形态发生—图灵斑图 P
胚胎在发育中的形态发展被称为形态发生。艾伦·图灵曾发文阐述:物质(形态发生素)相互作用能产生规则图案,从而形成部分形态发生结构。

神经传递 P
大脑运行时，神经元之间通过电化学变化传递化学信号，这一过程被称为神经传递。MRI（磁共振成像）扫描仪能识别出神经传导异常。

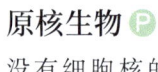

原核生物 P
没有细胞核的单细胞生物，例如细菌、古细菌。了解原核生物的细胞结构有助于抗菌消炎。

细胞核 P
真核细胞中的包膜结构。细胞的染色体在细胞核中，一个染色体是一条长长的DNA单分子。

蛋白质合成 P
用途广泛的大型有机分子——蛋白质的组合过程。了解蛋白质的结构是学习分子生物学的关键。

噬菌体 P
噬菌体是一种攻击细菌的病毒，往往形状奇特，类似月球着陆器。噬菌体有望在未来替代抗生素。

质子泵 P
这是一个重要的生物机制；通过质子泵，带电质子得以穿过细胞膜。积聚电荷是储存能量的一种方式。

感光 P
眼睛中的特定细胞有感知光线的能力。医疗专业人员在用检查镜检查视网膜，感光细胞就在视网膜上。

条件反射 P
条件反射是局限性的神经刺激及反应，无须大脑干预。医生轻敲膝盖，检查患者的神经是否运转正常。

呼吸 P

呼吸将氧气带入体内与营养物质发生反应，并排出二氧化碳。身体耗氧量很大时，可借助氧气瓶获得更多的氧气。

疫苗接种 P

人在接种疫苗后，激发免疫系统建立自然保护以防止感染。接种疫苗对于建立病毒防护非常重要，病毒对抗生素不易感。

超导性 P

MRI（核磁共振成像）扫描仪配备了极强的超导磁体，其运行基于一种量子效应：超导体在超低温下电阻降为零。

病毒 P

病毒是一种可以引发感染的不具有完整细胞结构的亚显微粒子。与细菌不同，病毒不能独立存活，要借助宿主的细胞进行复制。

触变性 P

触变性流体被摇动或挤压后更容易流动。番茄酱具有触变性，刷墙的无滴落涂料也是。

弱相互作用 P

自然界四种基本力之一，是一种可以控制核衰变的力。PET（正电子发射断层造影）扫描仪收集的是注入患者体内的放射性物质发出的辐射。

超声 P

超声是指频率过高超出人类听力范围的声音。扫描仪发出超声波，被胎儿等人体内的物体反射回来，从而产生图像。

X 射线 P

X 射线是一种能量很高的光波，人的肉眼不可见。X 射线能够穿过肌肉，但不能穿透骨骼，可用于病患体内的检查。

6

城市广场

The Town Square

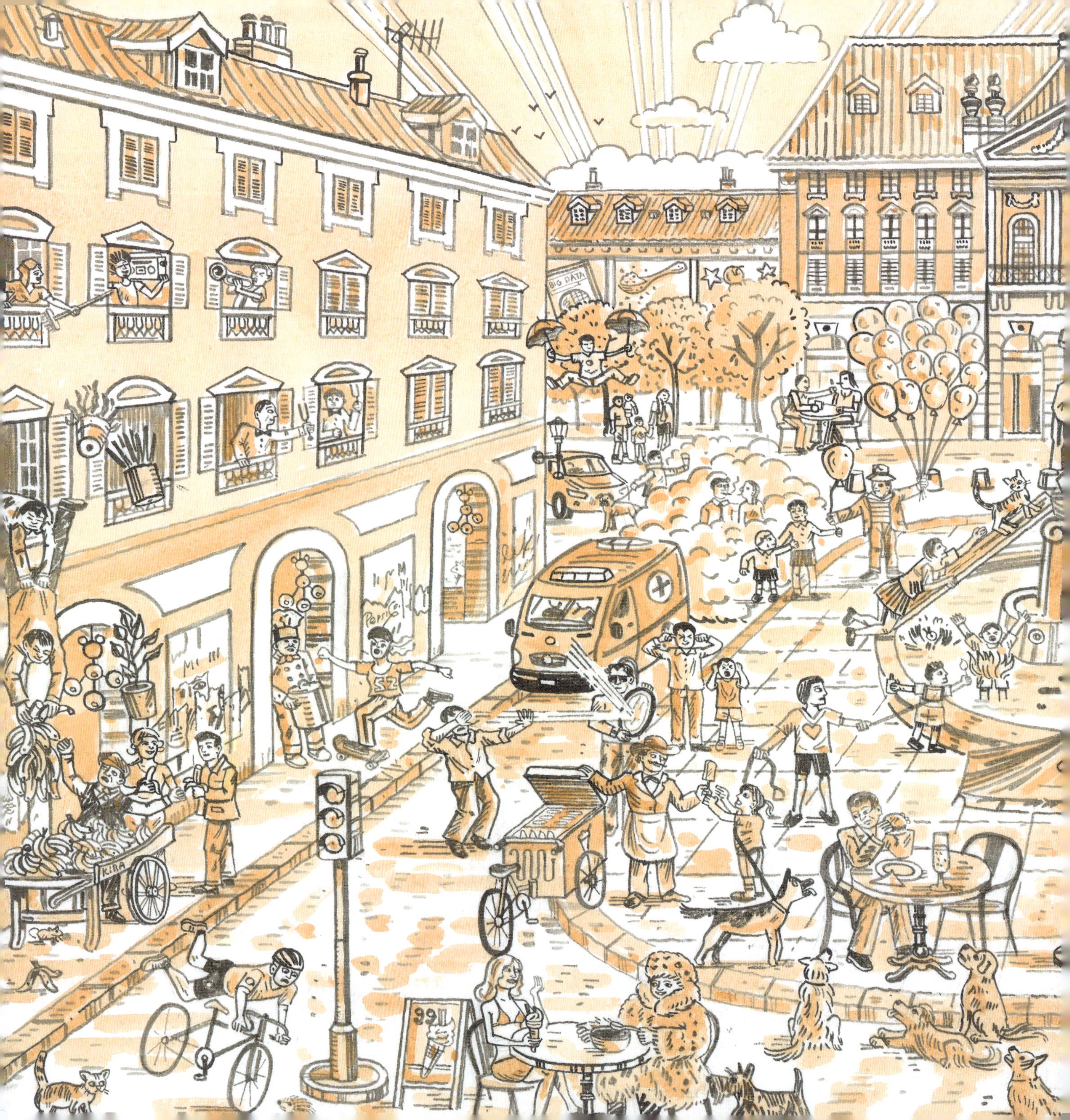

BIG DATA
KIRA
99

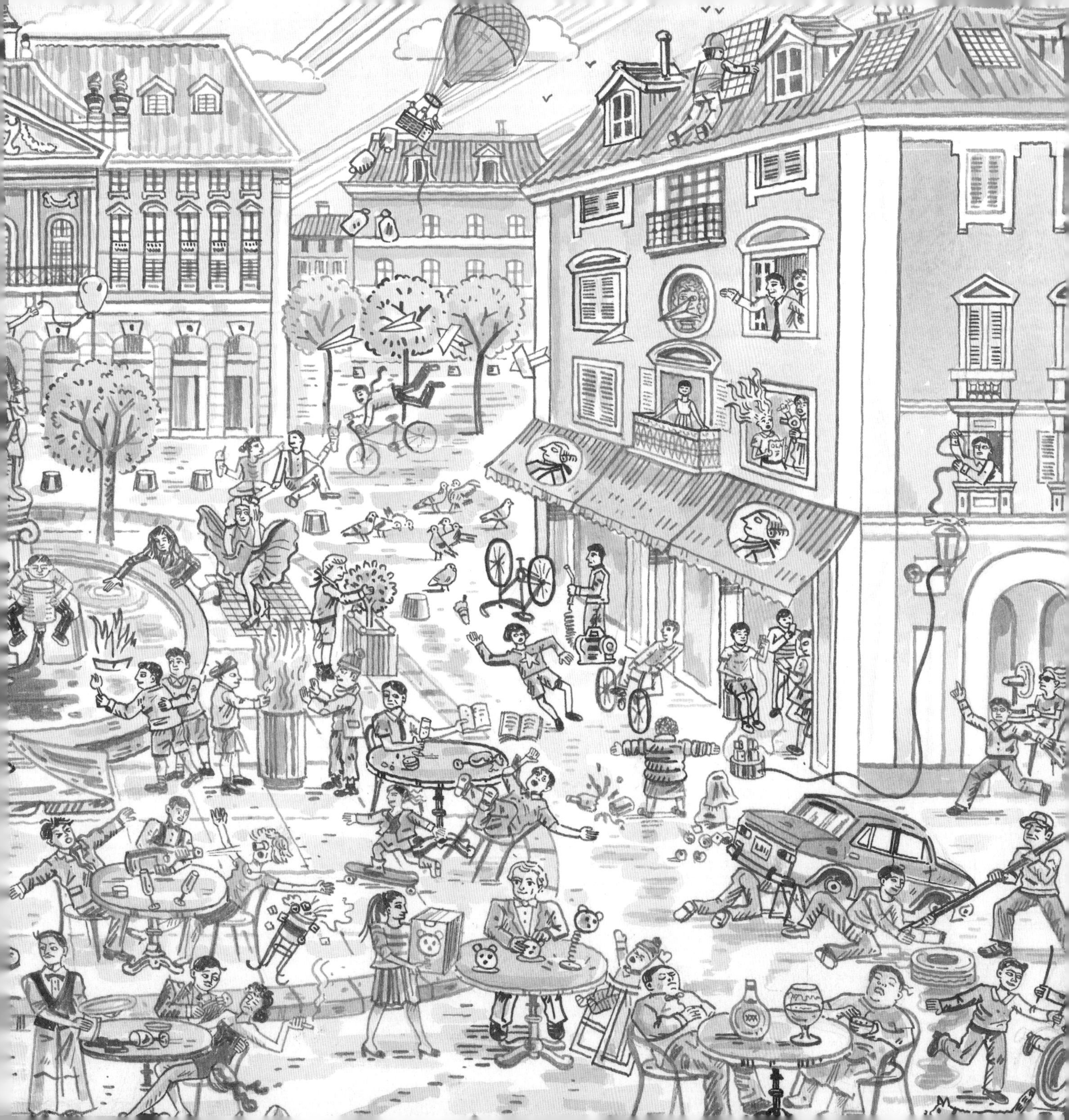

城市广场
The Town Square

安培定则 Ⓛ
该定律说明了闭合回路周围磁场与回路中电流的联系。相连线圈中磁场不断地发生变化，带动便携式立体声中的锥形扬声器运行。

伯努利原理 Ⓛ
该原理说明，速度随着压力或势能的降低而增加。纸飞机周围的空气流动导致纸飞机表面压力发生变化，纸飞机飞起来。

阿基米德杠杆定律 Ⓛ
当力达到平衡状态时，各个力到支点的距离与力的大小成反比。理解了阿基米德定律，就能明白这个人为何能够用长杠杆撬起汽车。

波义耳定律 Ⓛ
该定律说明，当温度恒定时，气体的压力和体积成反比。这也是自行车打气筒的工作原理。

阿基米德浮力定律 Ⓛ
完全或部分没入流体的物体会受到向上的力，力的大小相当于被物体取代的流体的重量。氦气球中，氦气取代了密度更大的空气，所以氦气球向上飘起。

布儒斯特定律 Ⓛ
光入射透明介质的角度决定了光是否会被反射为偏振光。图中镜子反射的太阳光线是偏振光。

查理定律
在恒定的压力下，理想气体的体积与其温度成正比——受热时，气体膨胀，气球的密度降低。飞起来的热气球遵循阿基米德定律（参见第62页）。

亨利定律
液体中溶解的气体量与液体上方的气体分压成正比。要当心香槟的瓶塞!

角动量守恒
角动量的变化与施加的扭矩（扭转力）成正比，角动量变化体出现在扭矩同轴方向。图中的人歪向一边，但是只要车把不偏，自行车依旧向前行进。

胡克定律
伸缩弹簧（弹性材料）的力与弹簧伸缩程度成正比。小男孩在拨弄他的弹簧玩偶。

法拉第感应定律
该定律揭示了变化的磁场如何在附近电路中感应生成电流。变压器根据这一原理获得能量，为男孩的智能手机充电。

焦耳热
电流通过导体时释放的热量与电流的平方成正比。吹风机用电加热金属电热丝，产生热风。

热力学第一定律
该定律指出孤立系统的总能量保持不变（能量不能被创造或被消除）。石油的化学能通过燃烧转化为热量。

放射性衰变定律
该定律预言了放射性物质的原子核随时间衰变的情形。香蕉具有放射性，香蕉所含的钾原子会自发地衰变成钙。别担心，这种放射并不危险。

莱顿关系 L
根据氮氧化物含量可估测最底层大气中的臭氧浓度，这是因为最底层大气中的臭氧主要来源于氮氧化物光解（"光破坏"）。

牛顿第二运动定律 L
物体的加速度跟所受的合外力成正比。滑板运动员用一只脚蹬地以加快速度。

牛顿第一运动定律 L
该定律指出，除非受到外力作用，否则物体将保持静止或匀速直线运动的状态。在无外力作用的情况下，停泊的汽车不会改变其（静止的）状态。

牛顿第三运动定律 L
每一个作用力都有一个大小相等、方向相反的反作用力。主人站着不动，狗用力拽绳，紧绷的绳反过来拉住狗。

牛顿冷却定律 L
物体与周围环境之间的温差和其热量流失速度成正比。在寒冷的午后，碗中的汤迅速冷却。

普朗克定律 L
该定律说明：一个物体发出的光的颜色随温度的变化而发生变化。根据普朗克定律，女人手中的烟头燃烧发红，发出红外辐射。

牛顿万有引力定律 L
两个物体之间的引力与两者质量的乘积成正比，与两者距离的平方成反比。

热力学第二定律 L
热量不能自发地从较冷处流向较热处。所以，冰棍不会使周围的空气变暖。

毛细作用 P
液体能够不受重力等外力推动或阻碍流向狭小孔隙。由于毛细作用，服务员可以用毛巾吸掉溅出来的饮料。

多普勒效应 P
波源处于相对运动状态时，波的频率会发生变化。救护车疾驶而过，发出的警报声高低不一。

蒸发冷却 P
液体蒸发，散失分子需要消耗能量，导致液体的温度下降。风扇促进皮肤表面的汗液蒸发，带走热量，让皮肤感觉凉爽。

动摩擦 P
发生相对运动时固体接触面产生的摩擦。男孩刹车太猛，导致刹车片产生过大的摩擦。

曙暮辉 P
阳光从太阳所在的点射出。太阳发出的光线是相互平行的，但由于视错觉，阳光看起来呈放射状。

弹性材料 P
受到拉伸时，弹性材料中拧紧的分子松开，又不断回缩以对抗拉伸。绑在儿童身上的绳子为弹性材料制成。

扩散 P
分子从浓度较高的地方移往浓度较低的地方，直至区域分子浓度均匀。狗嗅到在空气中扩散的食物的香气。

电致发光 P
一些材料受通过电流或电场影响而发光，如交通信号灯使用的 LED 灯管在电流通过时发出不同颜色的光。

熵 Ⓟ
熵是对系统无序程度的一种量度。熵趋于保持不变或者增加。打破瓶子比保全瓶子更容易。

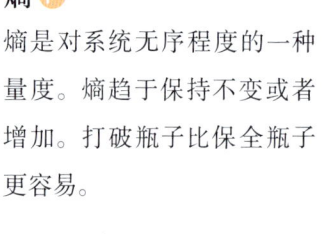

焦耳-汤姆逊效应 Ⓟ
在不与外界环境发生热量交换的隔热条件下，流体经过狭窄通路时温度会发生变化。这一效应被用于冰激凌售卖车。

氢键 Ⓟ
氢原子与另一个分子中的原子（如氧原子）之间的静电吸引。由于氢键的作用，厨师端着的锅里的水得以保持液态。

马兰戈尼效应 Ⓟ
两种流体交界面发生的质量传送。白兰地酒杯中出现"酒泪"，原因是酒精的表面张力弱于水的表面张力。

干扰 Ⓟ
波与波相互作用，导致相互加强或相互抵消。如图，池中的水波互相干扰。

机械增益 Ⓟ
机械增益显示的是机械对力的放大程度。自行车的齿轮放大了骑车人作用在自行车脚踏板上的力。

彩虹色 Ⓟ
随着视角或光照变化，物体的表面呈现出各种颜色。水洼表面的油薄膜呈现出五色斑斓的色彩。

黑色素和紫外线 Ⓟ
黑色素是一种天然色素，皮肤受紫外线照射会产生黑色素。黝黑的肤色表明女人皮肤中的黑色素增多。

氧化 P
狭义的氧化是指物质获得氧的过程，从广义上讲是元素或化合物失去电子的过程。燃烧产生的火焰是一种剧烈的氧化反应。

瑞利散射 P
光或其他电磁辐射被直径远小于辐射波长的粒子散射。空气中的微小气体分子对蓝光的散射强烈，天空就呈现出蓝色。

微粒 P
微粒即小颗粒，悬浮于空气中可能形成气溶胶。救护车尾气中的微粒可以形成气溶胶。

共振 P
振动频率接近自然频率时，系统振幅会增大。音叉和楼上传来的小号声发生共振。

光合作用 P
植物和部分细菌可以利用阳光的能量将二氧化碳和水转化为葡萄糖等富能有机物。

次级宇宙射线簇射 P
高能宇宙射线与高空中大气分子碰撞生成的粒子。这些粒子大多是介子，会随即衰变为各种其他粒子。

光伏效应 P
特定材料在光照下会产生电压或电流，如太阳能电池板可以将光能转化为电能。

静摩擦 P
静摩擦是指两个或两个以上未发生相对运动的固体之间的摩擦。膝盖和木板之间的静摩擦避免了女人从斜面上滑落。

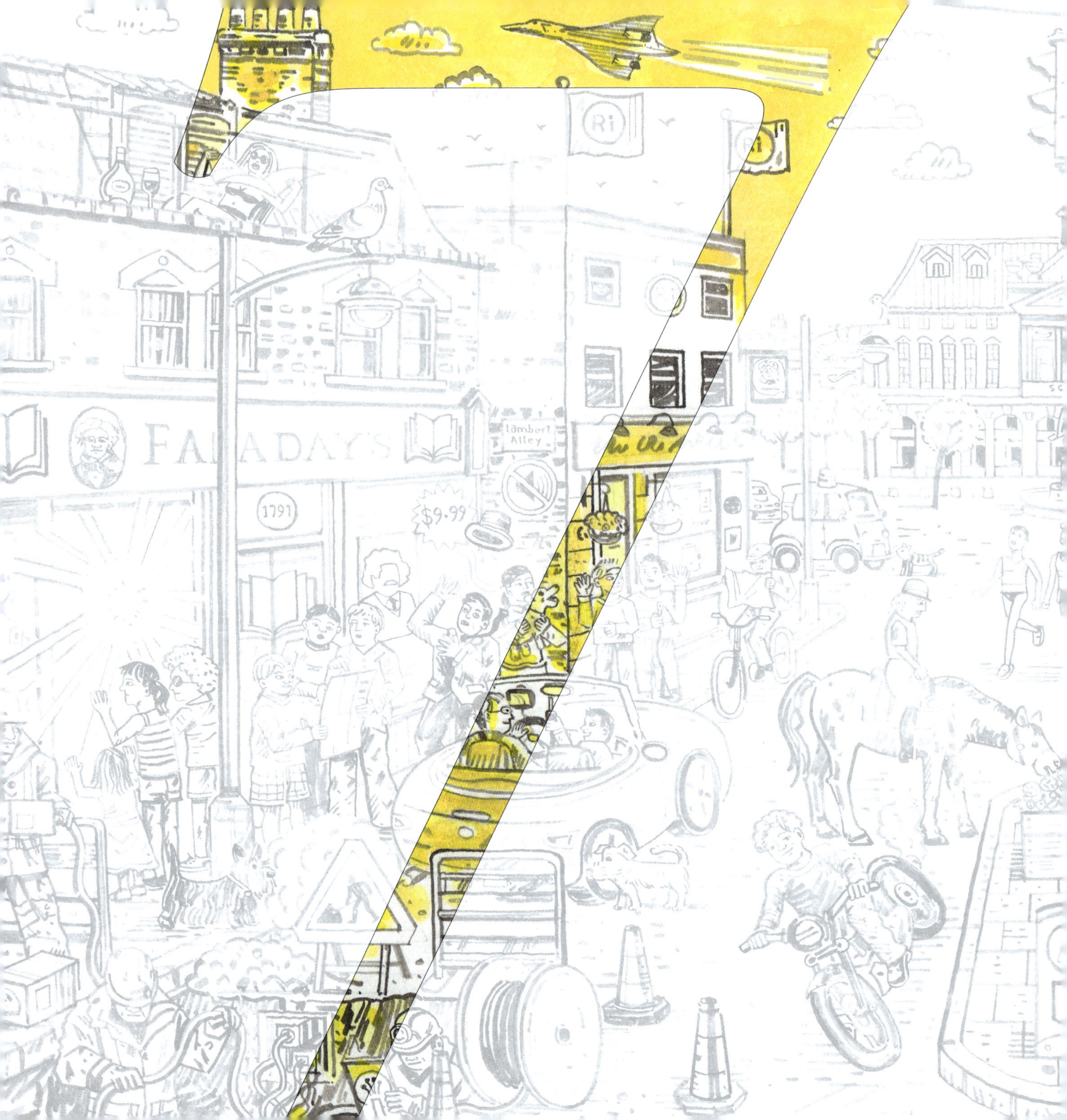
Ri
Lambert Alley
1791
$9.99

街 道
The Street

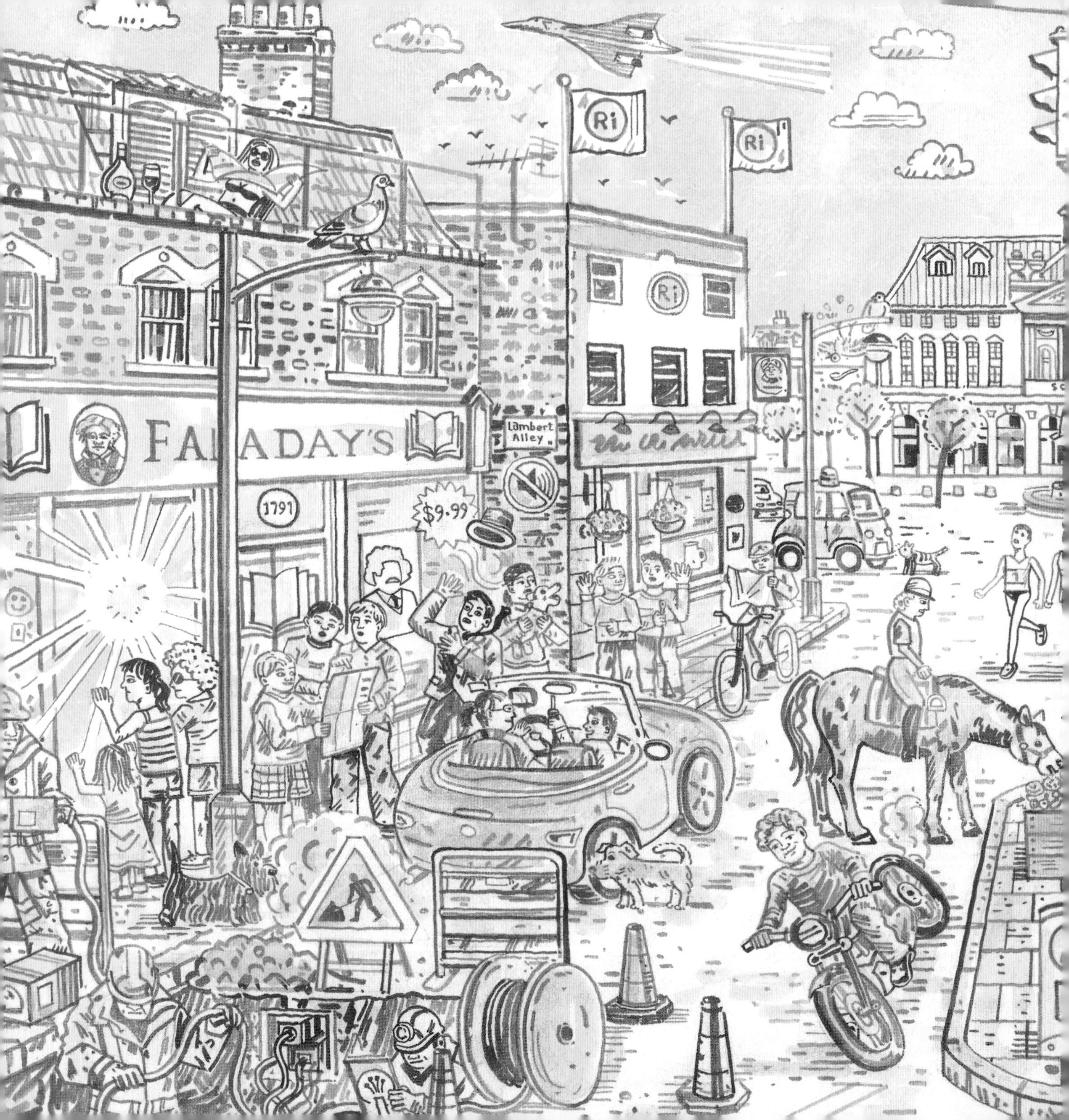

Ri
Ri
Ri
FARADAY'S
1791
Lambert Alley
$9.99

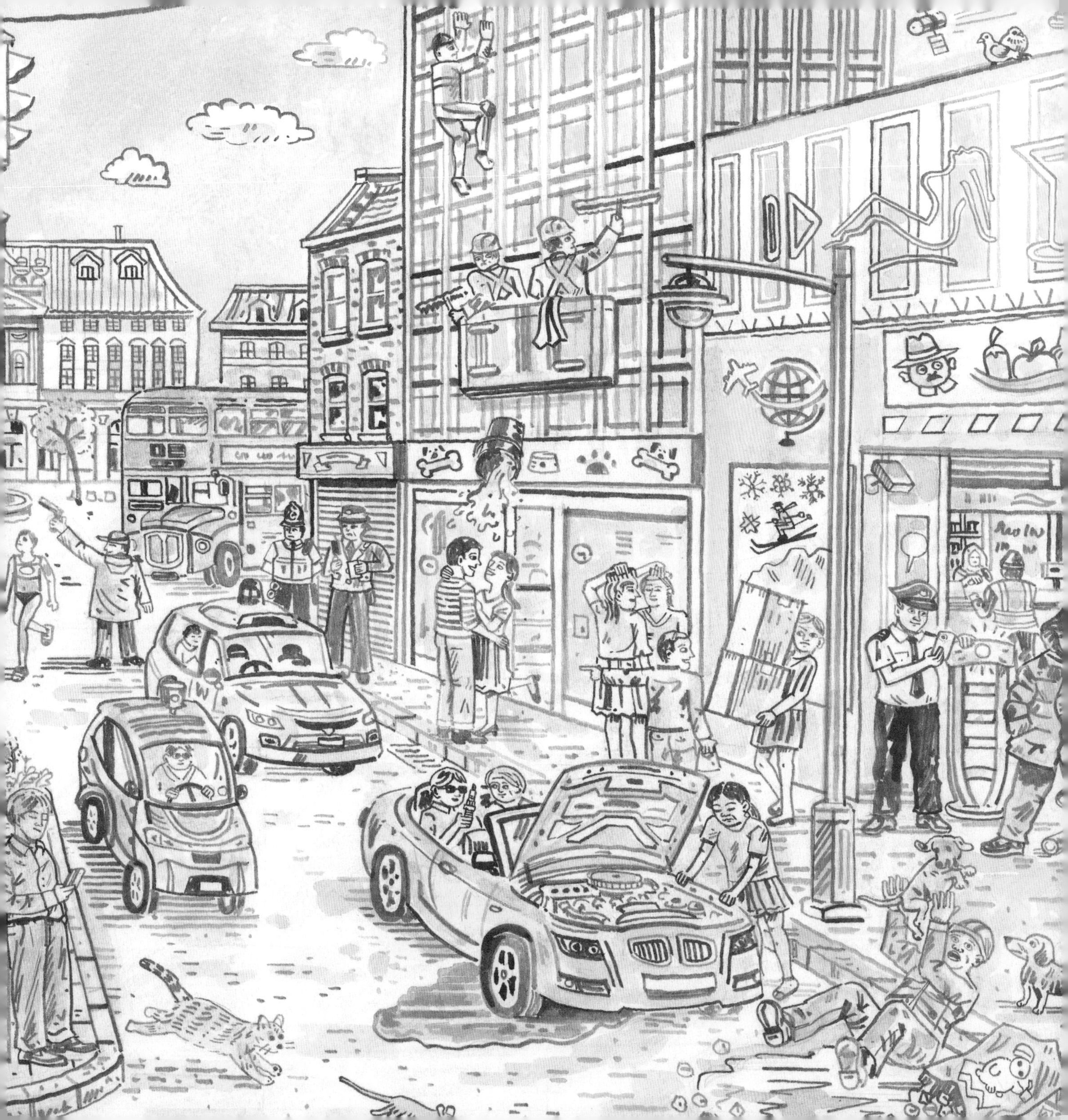

街 道
The Street

波义耳定律
从该定律可知，当气体的质量不变，气温恒定时，气体的体积膨胀，气压会降低。在汽车发动机中，随着活塞运动，气缸中的气压降低。

热力学第一定律
根据该定律可知，能量的总量守恒，但能量可以转换形式。女人提起箱子，所做的功被转化为势能和热量。

查理定律
从该定律可知，气体受热时会膨胀。自行车轮胎与路面发生摩擦而导致轮胎的温度上升，轮胎中的气体变得膨胀。

盖-吕萨克定律
根据该定律可知，气体的体积恒定时，温度升高则气压增大。图中的人手持发令枪，扣动扳机，火药迅速升温升压，发出嘭的一声。

法拉第感应定律
该定律说明了磁如何感应生电。法拉第定律是部分电动汽车交流感应电机的设计基础。

朗伯第一定律
根据该定律可知，物体表面的光照度与光源距离的平方成反比。当光线不足时，人看书十分吃力。

朗伯第二定律 L
根据该定律可知，光照度取决于光线照射物体的角度。图中人手持地图的角度决定了地图的明暗。

朗伯第三定律 L
根据该定律可知，当光穿过吸光介质时，光的强度随穿越距离的增加呈指数式衰减。隔着厚实的玻璃望去，商店里面显得十分昏暗。

斯涅尔折射定律 L
光从一种介质进入另一种介质时，光会受介质性质影响而改变方向。太阳发出的光线照射到女人的太阳镜镜片上，方向发生了变化。

齐夫定律 L
单词在一种语言（如图中对话）中的使用频率与其使用排名的幂成反比——随着排名号数的增大，单词的使用频率急剧下降。

两亲性物质 P
该类物质既亲水也亲油。例如玻璃清洁剂是两亲性物质。

锚定效应 P
个体过度依赖早期的片段信息而产生的认知偏差。尽管9.99美元将近10美元，但购物者更容易受9美元开头的影响。

贝叶斯同时定位与地图创建 P
该机制能够在构建区域地图的同时进行自我定位，被应用于汽车自动驾驶技术中。

分束器 P
光通过分束器被分成不同部分，同时光的传播方向发生变化。当屋内比街道昏暗时，单向窗玻璃几乎就相当于一面镜子。

宇宙射线 🅿
宇宙射线是指撞击地球的外太空粒子流。每秒钟都有成百上千的宇宙射线粒子穿过图中女人的身体。

衍射 🅿
声波遇到障碍物时会发生弯曲,因此男孩们有可能听得见大楼拐角处他人的对话。

电磁吸收 🅿
当光穿过有色透明材料时,带有特定能量的光子会被吸收。交通灯的颜色取决于未被吸收的光子。

气体放电 🅿
电流通过时,带电气体会发光。霓虹灯是气体放电灯。

广义相对论 🅿
爱因斯坦的这一理论将引力与时空弯曲联系起来:引力会使时间变慢。GPS 系统需要校正,因为 GPS 卫星所在轨道的引力小于在地球表面上的引力。

陀螺效应 🅿
旋转的圆盘会尽力保持现有的旋转方向。放开双手骑车,转动的车轮有助于自行车保持平稳。

霍尔效应 🅿
当电流通过磁场中的导体时,在电流的垂直方向会产生电压。这一原理被应用于汽车电子点火器。

红外线激光 🅿
激光器发出红外线,红外线比可见光能量低。光纤通信电缆传输的是红外线激光信号。

激光雷达 P
激光雷达的原理和普通雷达一样，利用激光来测量周边物体的距离。为避免发生碰撞，自动驾驶汽车大多配备了激光雷达。

量子生物学 P
量子生物学是基于量子效应的生物学研究。鸽子能利用地球磁场导航，这似乎是一种量子现象。

机器学习 P
这类计算机程序不仅能处理数据，还能根据数据修正自身的行为模式。这一技术已用于操控自动驾驶汽车。

射频识别 P
商店出入口安装的安全系统发出无线电波，产品上的标签接收后感应生成电流，导致警报器响起。

机械增益 P
机械增益指的是力被机械放大的程度。窗户清洗吊篮上的滑轮提供了机械增益。

复冰现象 P
冰受到压力而融化，压力解除后又重新凝结成冰。这一过程需要极大的压力。冰面滑溜是因为冰面的水分子松散，而非复冰现象。

功率 P
车辆的功率以马力为单位。1马力相当于736瓦，大概是一匹马的正常输出功率。

共振 P
物体振动接近其自然频率时，会产生很大振幅。引擎开到共振频率时，公共汽车开始剧烈抖动。

逆反射材料
这种特殊的材料能够反射绝大部分入射光而且不会使光线发生散射。现代自行车的反光板是逆反射材质。

介质中的光速
光在空气中的传播速度慢于在真空中的传播速度，在玻璃中的传播速度慢于在空气中的传播速度。光在光缆中的速度约为每秒 200,000 千米。

自组织系统
自组织系统是一种高级的、有组织的系统。雪花根据水分子的形状自组织为六边形。

薄膜干涉
液体薄膜上下层反射的光互相干扰。光线照射在汽车下方的薄油膜上，反射出多种颜色。

音爆
音爆是来自超音速飞机产生的噪声。人在特定距离能够听到飞行器发出巨大的轰响，这是声波相互增强的效果。

扭矩
扭矩是使物体发生转动的一种特殊力矩。摩托车手在转弯时侧身，以平衡轮胎摩擦力和转弯时的动力。

狭义相对论
爱因斯坦的这一理论将空间和时间联系起来：对于运动中的物体，时间会变慢。由于导航卫星处于运动状态，GPS 系统在导航时须调校时间。

全内反射
当光线从较高折射率的介质进入到较低折射率的介质时，如果入射角大于某一临界角时，入射光线留在原介质中。光纤借助全内反射传输激光信号。

抓地力 Ⓟ
抓地力是表面相互摩擦而产生的黏附力。汽车轮胎面与地面的接触面积增大,增强了抓地力。

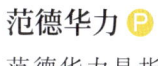

范德华力 Ⓟ
范德华力是指原子或分子之间的静电黏附力。借助范德华力,壁虎能爬上墙壁,人佩戴特制的手套和膝垫可以紧贴在玻璃上。

三角测量 Ⓟ
利用三个已知点的空间距离来确定未知点的相对空间位置,智能手机上的 GPS 应用程序运用了三角测量。

旋涡 Ⓟ
流体旋转时形成螺旋状的旋涡。气流形成旋涡又不断散开,旗帜在风中呼啦作响。

丁达尔效应 Ⓟ
蓝光更容易被透明介质中的悬浮颗粒物散射。因此,摩托车排放的尾气呈现蓝色。

硫化 Ⓟ
用硫黄等物质提高橡胶的硬度。汽车轮胎使用的是硫化橡胶。

城市热岛效应 Ⓟ
由于铺装地面和建筑物储存了热量,城市在夜间不至于降温过大。

风洞效应 Ⓟ
从开放空间进入狭窄的通道,空气会加速通过,这就是风洞效应。由于风洞效应,男人的帽子被吹飞。

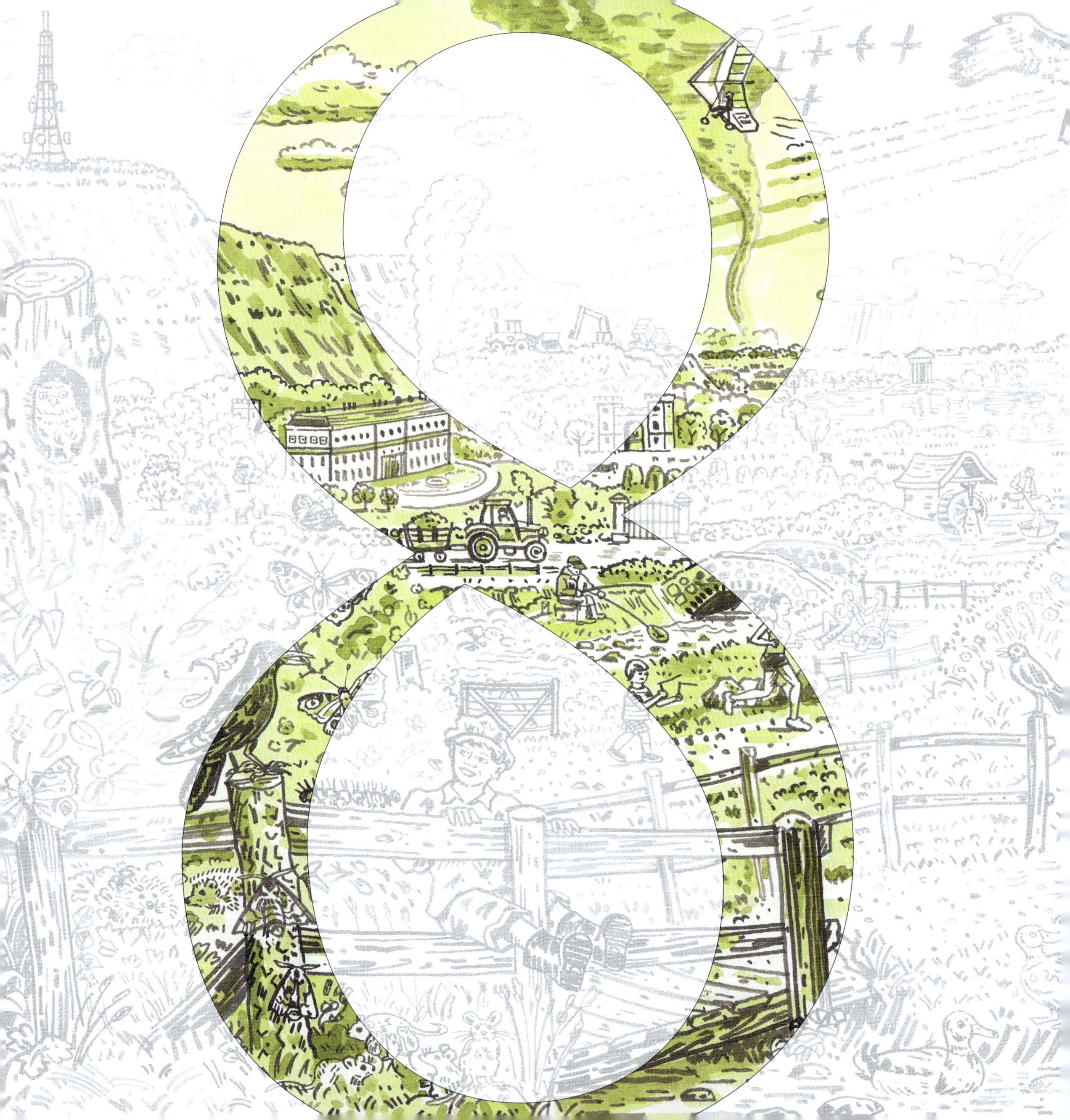
8

乡 村

The Countryside

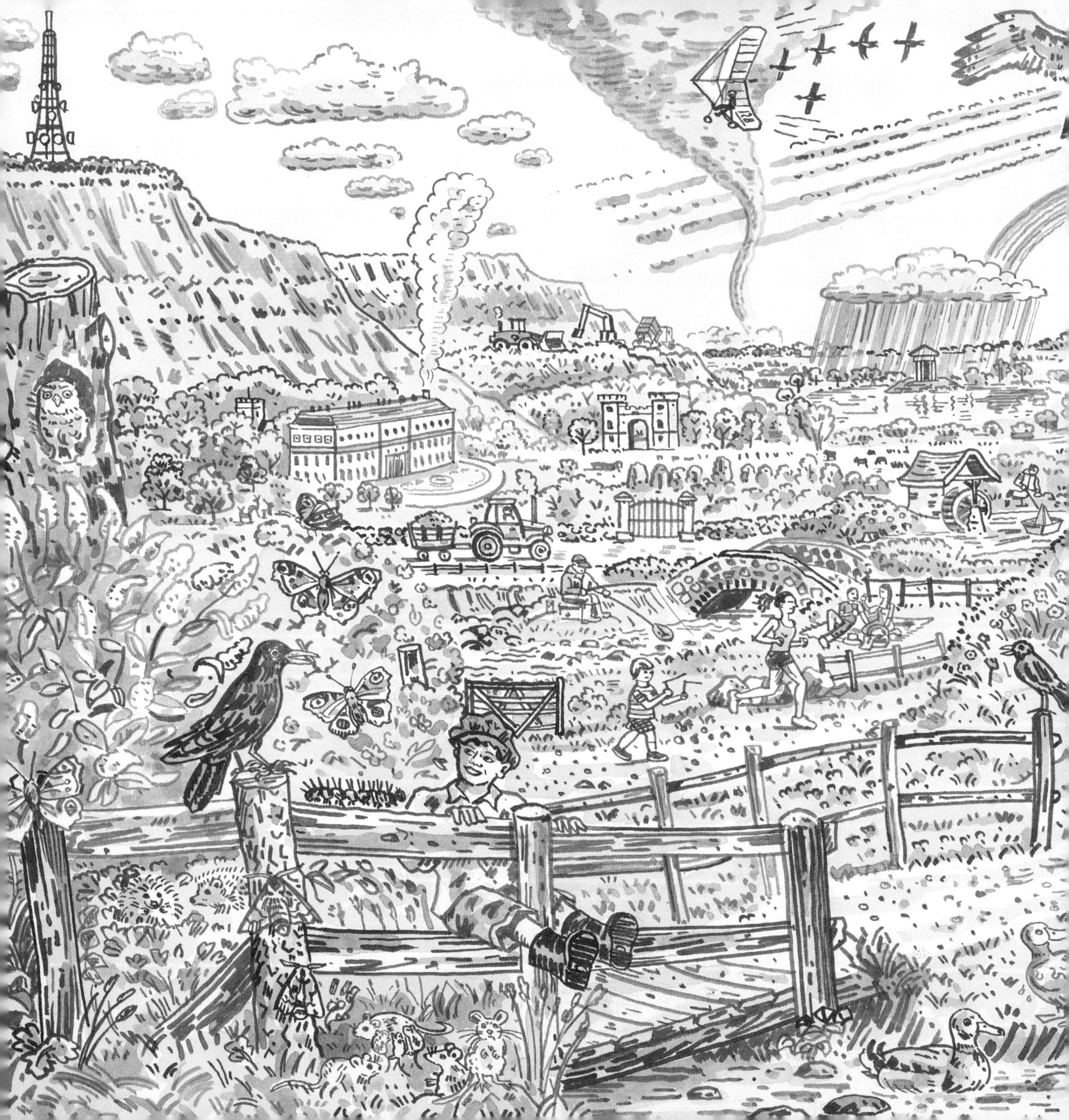

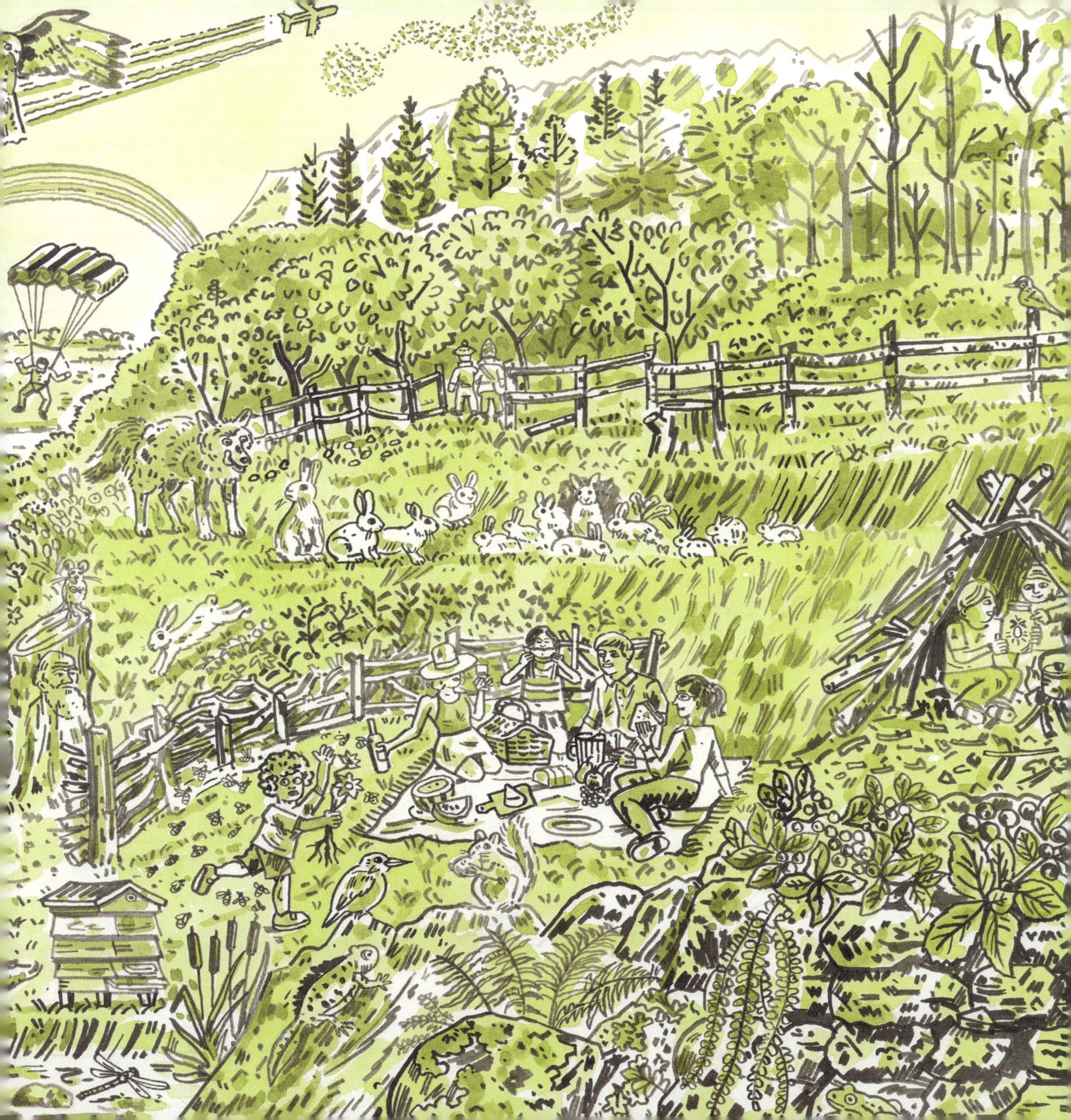

乡 村
The Countryside

卡西定律 L
该定律描述了液体与不同化学成分的物质的接触角。鸭毛上的水滴反映了这一定律。

克莱伯定律 L
根据该定律可知：一般情况下，动物的能量代谢水平约与其体重的3/4次方成正比。狼比兔子重约50倍，狼所需的能量大概是兔子的19倍。

康芒纳第一法则 L
这条法则指出：任何事物均与其他事物存在联系。工厂排出的烟影响范围很大。

斯托克斯定律 L
该定律描述了球形物在流体中平滑移动时受到的阻力。根据斯托克斯定律可知，云朵中的微小水滴受强大黏滞力作用极其缓慢地落下。

康芒纳第二法则 L
该法则指出：任何事物必然有其归宿。垃圾不可能一扔了之——依旧是环境的一部分。

有氧呼吸 P
有氧呼吸是指细胞在氧气的参与下发生化学反应，释放能量。跑步者运动状态稳定，正在进行有氧呼吸。

无性繁殖 Ⓟ
无性繁殖是指无需受精过程的繁殖。蕨类植物的繁殖方式复杂多样,部分为无性繁殖。

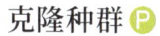

克隆种群 Ⓟ
克隆种群是指通过无性繁殖聚集生长的有机体群体。榛子树往往以这种方式长成一片,根系相连。

生物发光 Ⓟ
某些生物体能够通过化学反应发出光。萤火虫利用生物发光来传达信号。

色觉 Ⓟ
有些动物的色觉范围与人类不同。借助紫外线色觉,红隼能够通过尿迹发现老鼠。

布鲁斯效应 Ⓟ
一旦接触到陌生雄性的气息,部分雌性啮齿动物会终止妊娠。最为人熟知的案例就是老鼠。

凝结尾迹 Ⓟ
凝结尾迹也称蒸汽尾迹,是喷气发动机排出的水汽遇到低温空气,冷却凝结形成线条状的云。

蝴蝶效应 Ⓟ
蝴蝶效应是一种混沌现象:环境的微小变化将产生巨大的影响。一只蝴蝶在美洲扇动翅膀,可能引发太平洋的一场龙卷风,该效应由此得名。

趋同进化 Ⓟ
趋同进化是指不同的有机体独立进化出功能相同的构造。昆虫与鸟类各自进化出眼睛。

外温动物 P
外温动物是指体温受外界温度主导的动物。蜥蜴等外温动物常当作为冷血动物。

蒸发蒸腾 P
水分从土壤、植物叶面蒸发出来。叶子的蒸腾增加了空气湿度。

边缘效应 P
这个生态术语描述了两种不同性质的生态系统交互作用域的情形。由于边缘效应，林地和草地交界处呈现出更丰富的生物多样性。

分形的自然界 P
分形是指具有自相似性的数学架构，即局部结构与整体结构相似。自然界存在不少分形，比如针叶树等树木。

电磁排斥 P
具有相同电荷的粒子因电磁力而相互排斥。正因为砖块内各原子相互电磁排斥，建筑物才得以稳固。

重力 P
当物体位于较高处，会产生重力势能。河流受重力作用从高处流向低处，带动水轮。

内温动物 P
内温动物是体温由自身代谢调控的生物。哺乳动物和鸟类属于内温动物，有时被称为温血动物。

冬眠 P
为了越冬，一些内温动物在冬天进入低代谢状态。众所周知，刺猬会在冬天进行冬眠。

氢键

在含氢的分子中，相对正电性的部分（氢）与相对负电性的部分（其他分子）互相吸引。水（H_2O）在常温下是液体而非气体，靠的就是水分子之间的氢键。

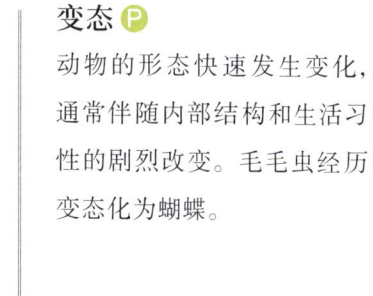

变态

动物的形态快速发生变化，通常伴随内部结构和生活习性的剧烈改变。毛毛虫经历变态化为蝴蝶。

意念运动效应

该效应是指在无意识状态下运动肌肉。意念运动效应致使占卜杖移动。

群飞

群飞是动物迁移或交配时所发生的成群飞舞的现象。群飞的动物相邻之间会相互影响。图中是椋鸟群飞的景象，十分壮观。

印刻

动物在特定阶段可以快速习得一些东西。幼鸟的印刻往往模仿父母：大雁错将滑翔机印刻为父母，于是跟着滑翔机飞翔。

自然选择

自然选择是进化的主要机制。经过自然选择，生物体能够更好地适应环境并繁殖。越像树皮的飞蛾越能避免被吃掉。

逻辑斯蒂方程

该方程描述生物在环境承受范围内的繁殖情况。兔子的繁殖遵循逻辑斯蒂方程。

纳维 - 斯托克斯流体

纳维 - 斯托克斯方程描述了非湍流的液体稳定流动。平稳流动的溪流属于纳维 - 斯托克斯流体。

固氮 P

固氮是指植物吸收大气中的氮促进自身生长。固氮发生在一些植物的根部，由生活在根间的细菌协助植物完成这个过程。

夜间视力 P

夜间视力是指弱光下的视力。猫头鹰的眼睛为管状结构，这意味着：为了观察各个方向，它得更大幅度地转动头部。

光子晶体 P

一种能够在量子水平上产生光学效应的微结构。光子晶体可以反射特定频率的光，从而调控色彩。蝴蝶翅膀上五彩斑斓的颜色在很大程度上与光子晶体有关。

光合作用 P

绿色植物（包括藻类）通过吸收光能，把二氧化碳和水合成富能有机物，同时释放氧气。在光合作用过程中，光被转化为化学能。

授粉 P

授粉是将花粉从植物的雄性器官转移到植物雌性器官的过程。许多昆虫采集花蜜时在植株间传授花粉，蜜蜂是其中的代表。

兔子繁殖 P

13世纪，斐波那契以兔子繁殖为例阐释了一个数列，现在被称为斐波那契数列。该数列从第3项开始，每一项都等于前两项之和。

彩虹 P

彩虹是一种光学现象：太阳光穿过半空中的水滴时被反射或折射，白光被分散成各色光。

呼吸作用 P

一种受控的氧化反应：生物体通过呼吸作用将食物中的化学键转化为能量。松鼠手中的坚果也在通过细胞的呼吸作用产生能量。

自组织系统 ⓟ
自组织系统能够自发地通过各部分相互作用形成自身的结构。龙卷风是一个自组织系统。

终端速度 ⓟ
终端速度是指下落物体受流体阻力终止加速时的速度。降落伞可以降低终端速度，保障跳伞者的生命安全。

有性繁殖 ⓟ
生物体通过雄雌遗传物质的结合进行繁殖。和所有哺乳动物一样，兔子进行有性繁殖。

营养级联 ⓟ
当捕食者使得次级捕食者的数量减少，也就减少了次级捕食者对猎物的捕食。狼能够引发营养级联效应。

强相互作用 ⓟ
强相互作用是使核子结合成原子核的作用力。该作用力部分通过放射释放，图中花岗岩的辐射很大。

湍流 ⓟ
当流动变得混乱，流体的压力和流速会发生不可预测的突变。溪水在岩石周围发生湍流。

共生 ⓟ
共生是物种之间的一种紧密关系，通常是互利的。地衣由细菌或藻类与真菌共生而成。

惠顿效应 ⓟ
一旦雌性小鼠感知到雄性小鼠尿液中的信息素，雌性小鼠能够马上进入发情期（准备繁殖）。

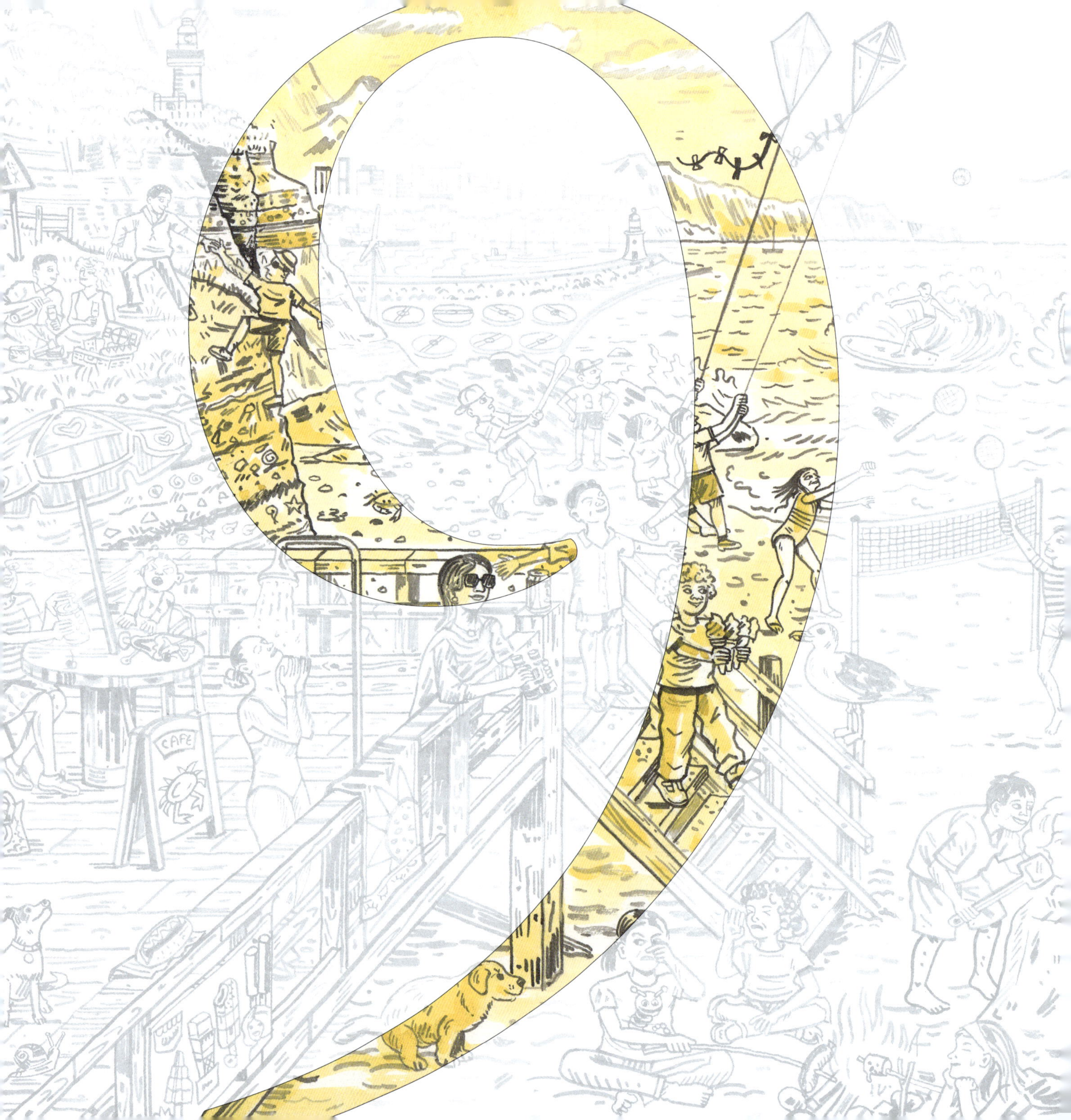
CAFE

海 岸

The Coastline

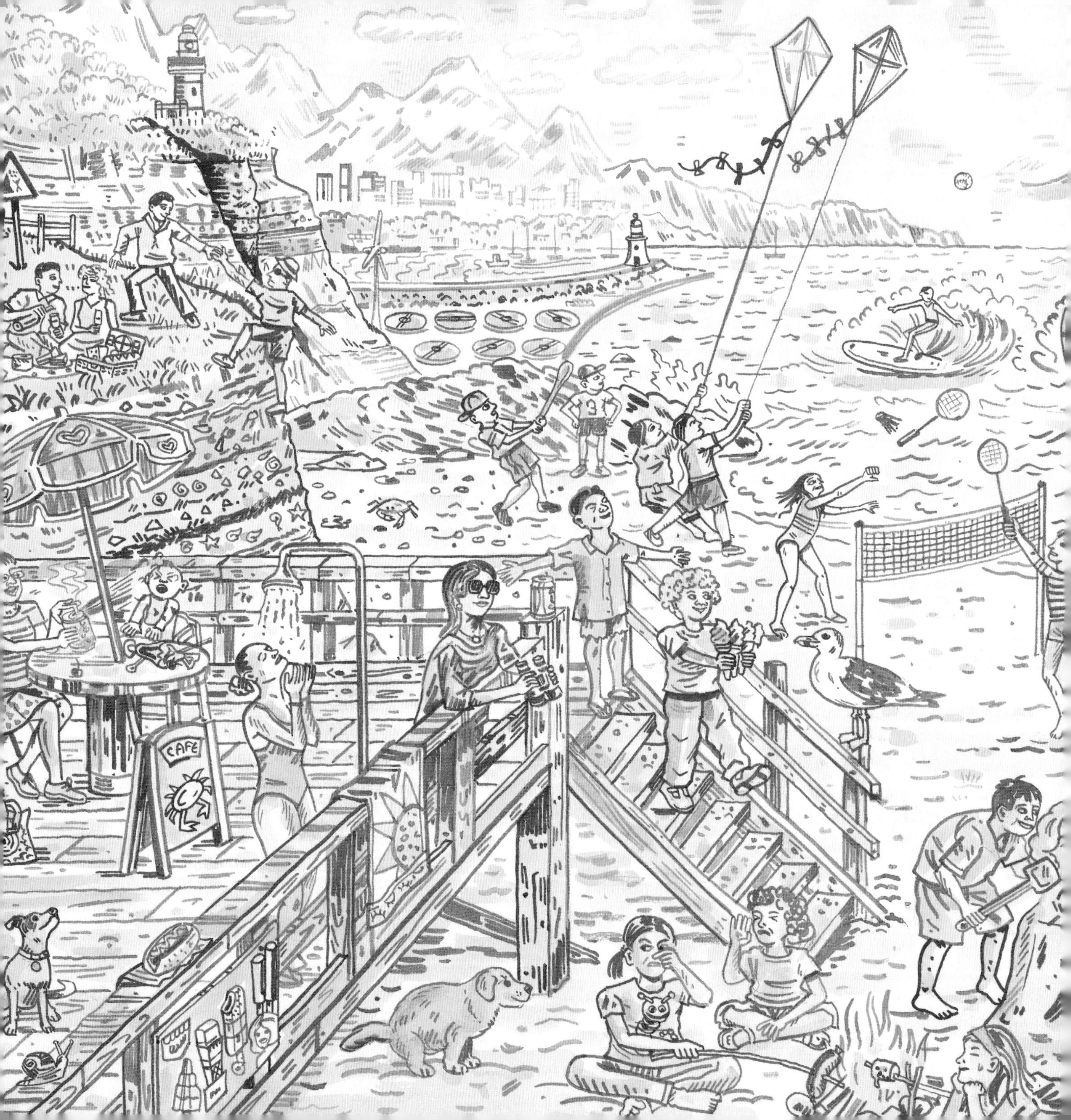
CAFE

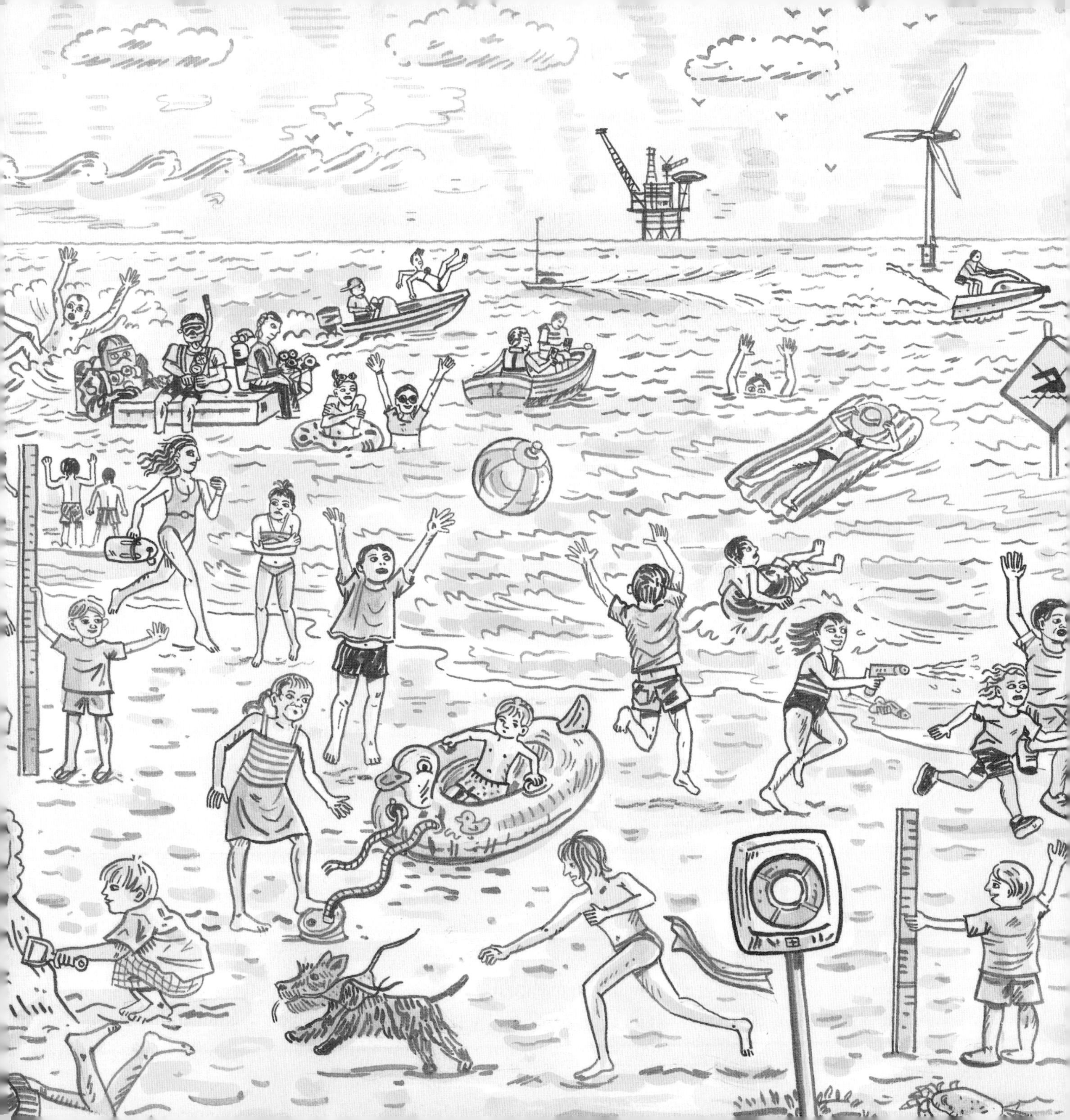

海 岸
The Coastline

阿尔奇定律
该定律揭示了岩石的导电性与岩石孔隙度、含水饱和度之间的关系。在海上钻井时，人们会运用该定律来估算石油的储量。

阿基米德浮力定律
船舶等漂浮在水上的物体受到的托力与该物体所排开的水体的重量相当。船因此可以漂浮在水上。

波义耳定律
从该定律可知，在恒定的气温下，一定量气体体积减小，气压增大。踩下脚踏泵，气压增加，气体被充入气垫船。

查理定律
根据查理定律，压力保持不变时，气体的体积与温度成正比。气体受热膨胀。在快艇的发动机中，热气膨胀推动气缸中的活塞，启动发动机。

动量守恒
动量（运动的"动力"）是守恒的。球棒击中球，将动量传递给球，球飞起。

道尔顿分压定律
空气由各种气体混合而成——空气总气压为各气体产生的压强之和。男孩吸入的空气汇集了各种气体的压强。

菲克扩散定律 L
通过该定律可知，分子在空气中飞快地传播，经过多次碰撞速度会减缓。菲克扩散定律描述了气味如何在空气中传播。

牛顿第一运动定律 L
根据该定律，若无外力作用，物体将保持静止或匀速直线运动。冲浪者（由于惯性）逆浪前进。

格林定律 L
该定律以数学方式阐释了为何近岸水更浅，而浪却更高更密。

牛顿第三运动定律 L
根据该定律，每一个作用力均有一个大小相等、方向相反的反作用力。船的螺旋桨将水往后推，船反被推向前。

亨利定律 L
该定律表明气体在液体中的溶解度与气体的平衡分压成正比。当原本溶解在体液中的气体形成气泡，潜水员会出现减压症状（减压病）。

斯托克斯定律 L
该定律描述了物体经过流体所受到的阻力。沙滩球越转越慢的原因在于：球的表面积大，受到的阻力就大，而球的动量就小。

重叠法则 L
该法则认为，下层岩石形成年代早于上层岩石。崖壁高处的地层比低处的地层年轻。

绝热冷却 P
在一个封闭系统中，压力骤降，温度将随之下降。空气中水蒸气遇到（打开的）汽水罐，冷却形成雾。

海岸救生队原则
如果路线更长但整体通过速度更快,那么最好选择更长的路线。救生员先沿着岸边跑,再下水。同理,光从空气进入玻璃时走的不是直线。

乳化
乳化是指一种液体分解成小液滴,与通常不相溶的另一种液体实现混合。冷冻之前的冰激凌是一种乳浊液。

布容法则
该公式用于估算海平面上升时海岸线后退的速度。

蒸发冷却
液体蒸发时从周围环境吸收能量,产生冷却效果。游泳者上岸后,皮肤上的水令她体感较冷。

衍射
波穿过狭窄通道时会改变方向并扩散开。海浪从公海涌入港口,漫散一片。

动物区系演替
岩层中的化石可用于判断岩层的年代,生物死亡之时几乎就是化石沉积之始。

贾尼别科夫效应
该效应描述了物体围绕不同轴交互旋转的现象。球拍被球手抛出翻转360°之后,再换一个面朝上继续旋转。

重力波
风吹过海面,带动海水,而水受重力作用趋于原地不动,于是形成了波浪。图中的波浪为重力波。

热容量 P

海洋的热容量高于陆地,所以海洋升温更慢。海洋上方的凉风吹向空气更温暖、更稀薄的陆地,海风吹过,风筝飞扬。

白炽 P

木材燃烧发光,这是因为分子中的电子受热增加的能量以光子的形式释放。火属于白炽现象。

开尔文尾流图案 P

鸟或非机动船掠过平静水面,会形成独特的开尔文尾流图案。

开尔文-亥姆霍兹不稳定性 P

湍流效应发生于流体流动速度存在差异时。云朵直观地展现了山头空气流动的不稳定性。

沿岸流 P

风带起的侧向水流使沙子沿海岸移动。沿岸流改变了海滩的形状。

马格努斯效应 P

转动能够形成压力差从而令球的路线发生弯曲。转动的沙滩排球偏离了预期的路线。

曼德布洛特的海岸线悖论 P

越短小的量尺可以测量更多的边边角角,根据这一悖论,我们无法精测定一条海岸线的长度——量尺越短小,得出的海岸线长度越长。

蜕皮 P

蜕皮是动物脱落外层表皮。蜕皮通常伴随着生物体的生长。由于外壳无法随着身体一起长大,螃蟹蜕去旧壳后长出更大的外壳。

非均质动力学 P
根据空气动力学：羽毛球发球后，球托掉转朝前，羽毛球经过晃动恢复平稳飞行。这反映出：羽毛球的质量分布不均匀。

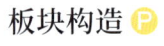

板块构造 P
地球表面的板块不断移动。各板块发生碰撞导致地壳碎裂，有时会形成山脉。

地形云 P
空气随着地形抬升，迅速降温。降温导致空气中的水蒸气凝结成水滴，从而形成云。

普拉托 - 瑞利不稳定性 P
根据这一机制，缓慢流动的液体受表面张力作用断开形成一粒粒液滴。图中的淋浴头在低压模式下喷出一串串水珠。

帕斯卡原理 P
根据该原理，压强变化会传导至不可压缩流体各处。活塞将水推入极细的水枪喷口，形成迅疾的喷雾。

偏振 P
阳光经海面等表面反射而具有偏振性。偏光太阳镜滤去了部分偏振光，阳光变得不再那么刺眼。

压电电阻 P
压力变化会引发电阻变化。图中潜水员用的是压阻式深度探测器。

横向连续性原理 P
该原理认为：沉积层原本是连续的，岩石最初也是连续性的，后来岩石被侵蚀，就有了断层。

瑞利散射 🅟

瑞利散射是一种原子散射光的现象，原子吸收光子后，将光子从其他方向射出，光被散射。空气分子散射的蓝光较多，因而天空呈现蓝色。

热滞后 🅟

海水升温耗时，降温也耗时。盛夏时节，海水也有发凉的时候；时至秋分，烈日下的海水依旧温暖。

折射 🅟

当波进入传播速度不同的介质，波的前进方向发生变化（参见海岸救生队原则，第94页）。阳光照入浅水发生折射。

潮汐力 🅟

引力引起潮水涨落。受月球潮汐力的作用，潮水有涨有落，海平面起伏明显。

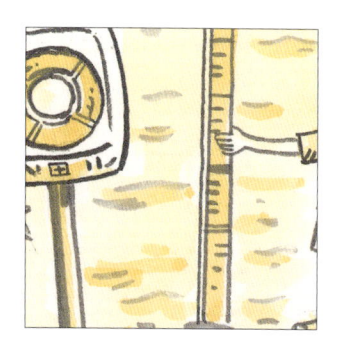

反渗透 🅟

施压令液体克服渗透压通过半透膜。海水淡化厂利用反渗透挤出水，留下盐分。

横波 🅟

横波的振动方向垂直于行进方向。水波是横波。

斯托克斯流 🅟

斯托克斯流是指雷诺数非常低（粘性力远大于惯性力）的流动。漂浮在水面上的物体随着波浪缓慢移动。

文丘里效应 🅟

不可压缩流体经过狭窄通道时，速度增加，压力下降。潜水员借助水肺调节器降低气压。

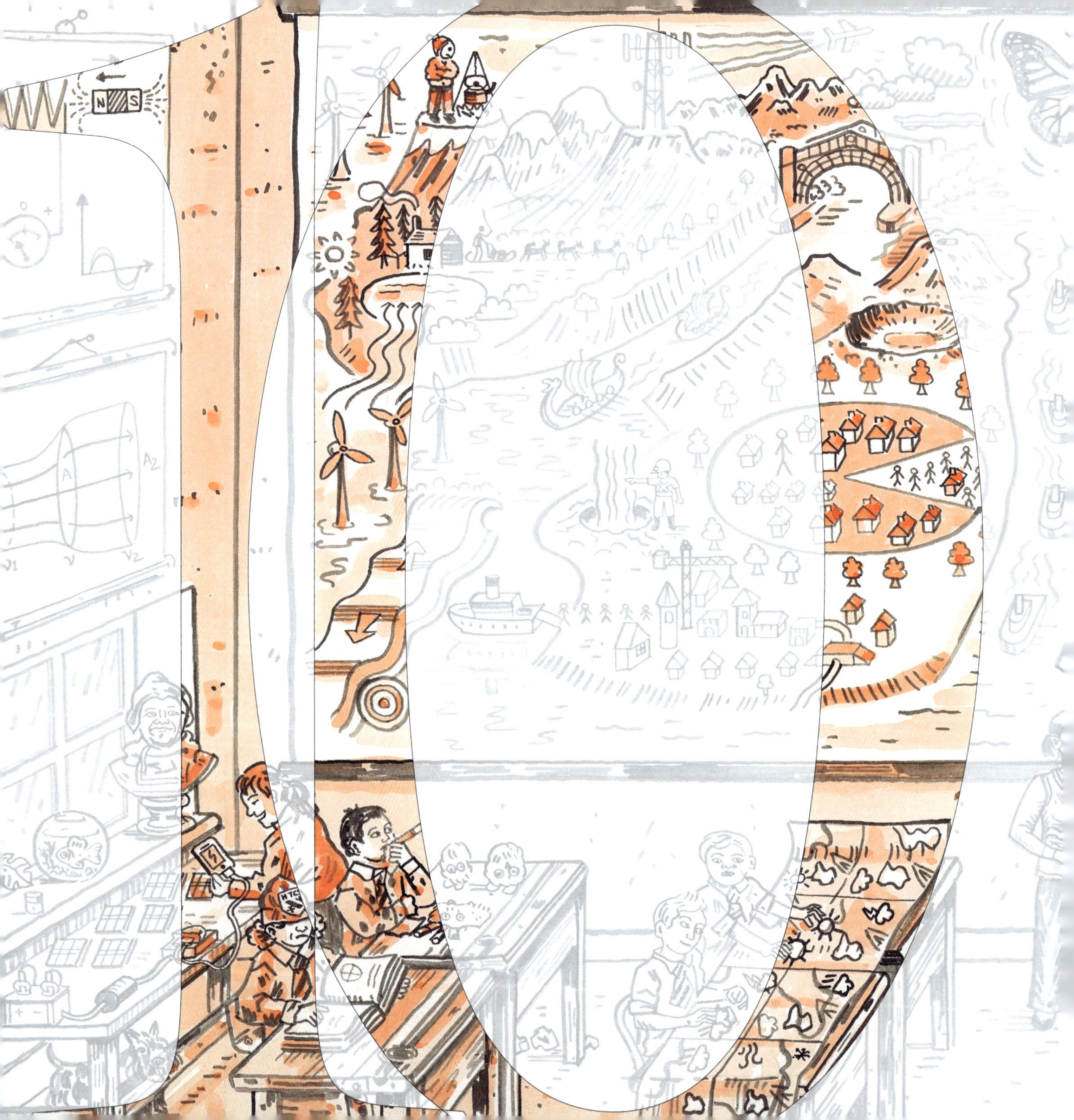
10
N
S
A
A2
V1
V
V2
HTC

陆　地

The Continent

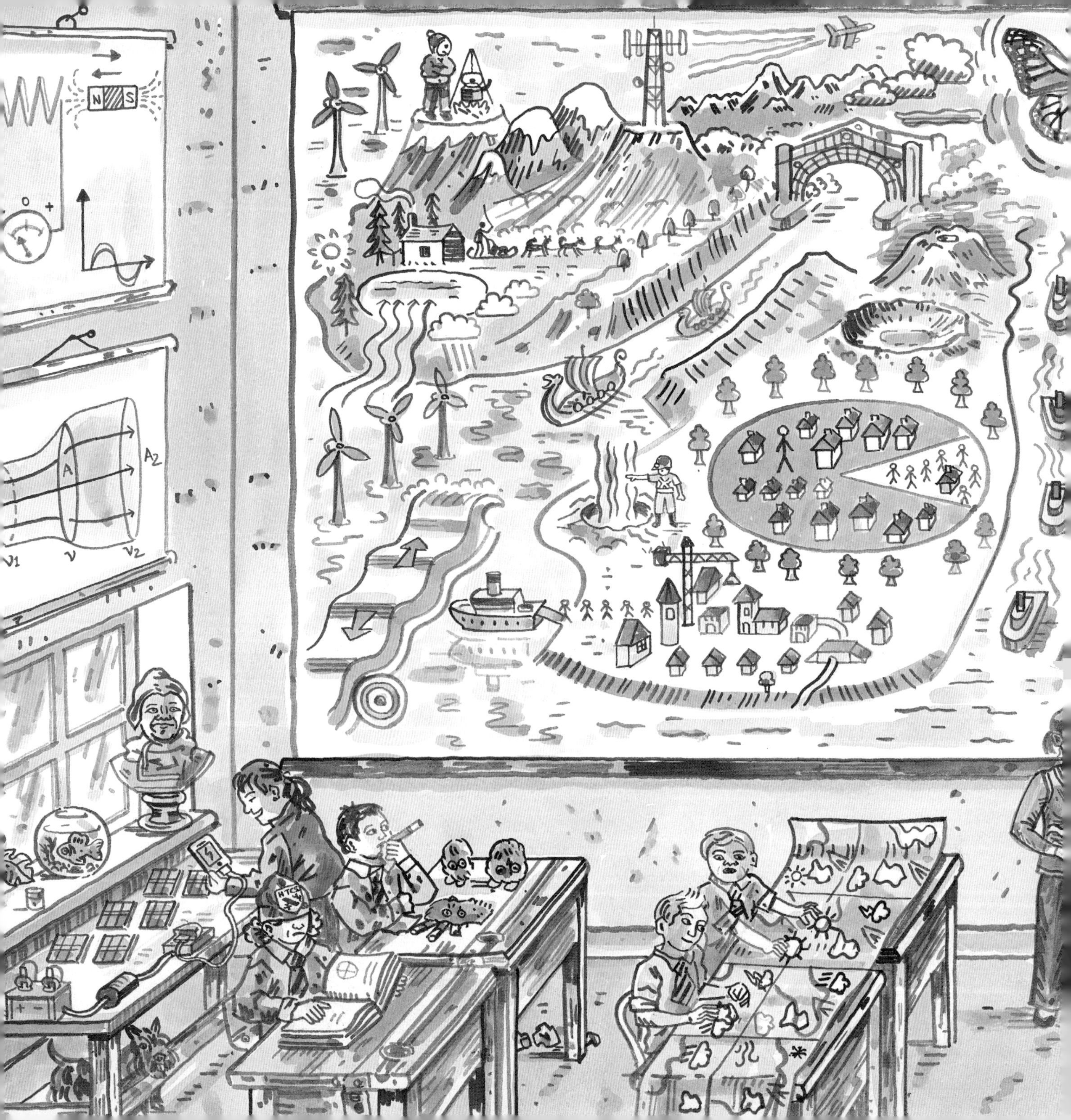
N
S
0
+
A
A2
v1
v
v2

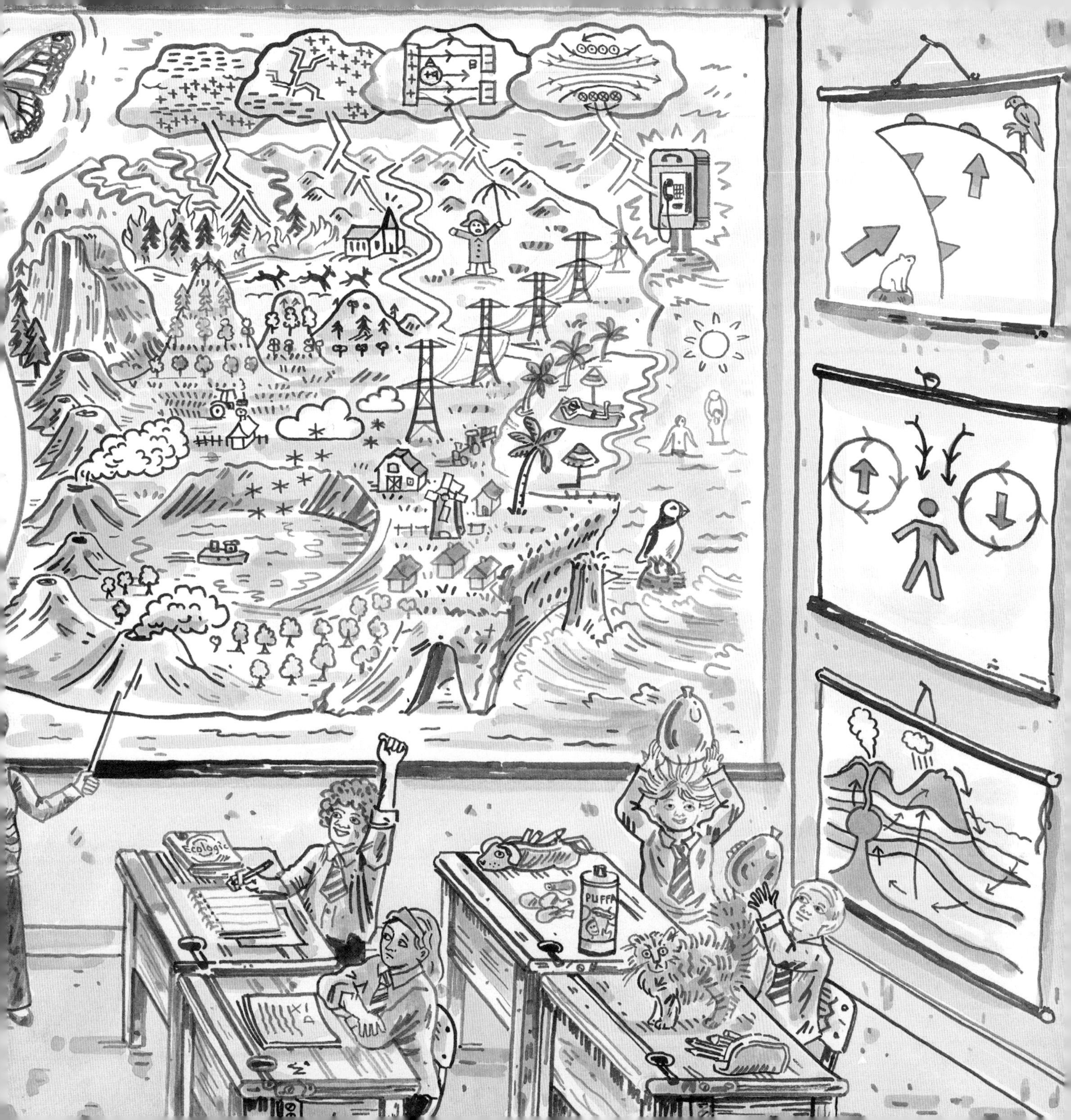
Ecologic
PUFFA

陆 地
The Continent

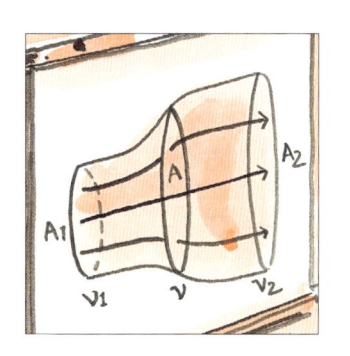

贝茨定律 🄛
风力涡轮机的风能转换效率可高达 59.3%（如能量被百分百转换，空气将停滞，无法再流动）。

吉布拉定律 🄛
该定律认为：城市规模扩张速度与其现有规模无关，遵循对数正态分布（对数值呈钟形曲线分布）。这一说法尚有争议。

白贝罗定律 🄛
根据该定律，在北半球，背对来风，低压在你的左前方，高压在你的右前方——南半球则相反。

绝热冷却 🄟
绝热冷却是荚状云等云朵的形成机制。在不与周围环境交换热量的情况下，空气膨胀导致温度下降，形成云。

法拉第感应定律 🄛
电感应是风力涡轮发电机的工作原理——法拉第推论出：感应产生的电能取决于磁场变化的速率。

气团 🄟
温度和水蒸气含量相对均匀的一大团空气。气团间的相互作用主宰了我们的天气。

小行星撞击坑 Ⓟ

小行星撞击坑是来自太空的物体撞击行星或卫星形成的洼地。有的撞击坑非常大，例如希克苏鲁伯陨石坑平均直径达 180 千米，据说相关撞击导致了恐龙灭绝。

浮力 Ⓟ

浮力是让船浮在水面的向上的力。船的重量被下方水体的压力差抵消。

蝴蝶效应 Ⓟ

一个小小的诱因足以引发混沌的天气系统发生显著变化，哪怕只是野外的蝴蝶扇动了一下翅膀（参见第 83 页）。

悬链线 Ⓟ

悬链线是指悬挂于两点间的链条或电缆受重力作用形成的形状。电塔间的电线形成悬链线。

混沌的天气系统 Ⓟ

天气系统从数学的角度来看具有混沌性。气象学家根据差异微妙的天气先兆得出多样化的"集合"预报，图中孩子们正在查看各种气象示意图。

燃烧 Ⓟ

燃烧是一种剧烈的化学反应，燃料与氧气发生反应并释放热量。野火通常由闪电引起，例如森林火灾。

电导率 Ⓟ

电导率以数字表示物质导电的能力——为物质电阻率的倒数。电力电缆采用电导率高的材料，以最大限度地减少热损失。

沸点降低 Ⓟ

大气压越低，沸点越低。在海拔 4,500 米处，水的沸腾温度为 84.5℃，泡不出合口的茶。

放电现象 P

电流通过空气形成的现象。受高电压作用,电子从原子中剥离后形成电流,如闪电。

指数增长 P

增长量与原值成一定比例,如每个时间周期翻一番。闪电喷泻出大量电子,导致(电器中)电荷量呈指数增长。

电磁脉冲 P

电磁脉冲是一种短暂的电磁能爆发。闪电引起的脉冲会损坏附近的电子设备,如图中的电话。

流体动力学 P

曲流河(英文名 Meander 源自土耳其的米安德河)为水流作用形成,水流将外岸沉积物不断地移到内岸。

电磁力 P

电磁力是光与物质之间的作用力,是一种基本力。图中信号塔发出的无线电波是电磁波。

冰川作用 P

冰川沿斜坡缓慢下移,冲刷土层,形成底部深广、崖壁陡直的 U 形山谷。

侵蚀 P

侵蚀是指土壤或岩石的表层逐渐被流水或空气剥离。悬崖因为侵蚀作用而逐渐缩退。

火成岩的形成 P

物质被地球内部热量熔化形成岩浆,岩浆冷却形成晶质或玻璃质岩石。一部分火成岩来自火山喷发的熔岩。

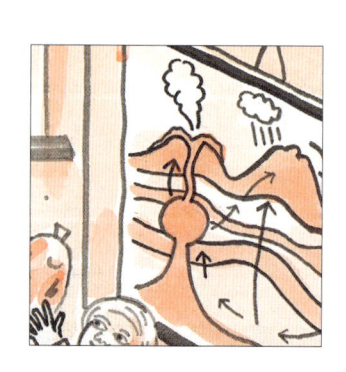

电离 Ⓟ
原子在失去电子或额外获得电子后形成带电离子,这就是电离。空气被闪电电离,成为导电体。

湖泊效应降雪 Ⓟ
冷风掠过温暖的水面,将水蒸气带往上空。水蒸气遇到温度更低的空气,形成降雪。

地壳均衡 Ⓟ
这一现象类似于浮力,山体向下的重力与地壳向上的冲力之间达成平衡。部分山峰就这样维持着现有的海拔高度。

垂直递减率 Ⓟ
温度随海拔升高而下降(海拔每升高 1 千米温度约下降 6.5℃),由于温度较低,山顶终年积雪。

喷射气流 Ⓟ
高层大气中的快速气流带。飞机进入喷射气流带后,速度增加,旅程耗时更短,燃油效率更高。

雷击 Ⓟ
被闪电击中后,电流经过人体,人往往会重伤甚至死亡。公园巡护员罗伊·沙利文是迄今为止受雷击次数最多的人,历经 7 次雷击而大难不死。

下降风 Ⓟ
在重力作用下,密度较大的冷空气从山上飘下,落入温度更高、密度更小的地面空气中。

山体效应 Ⓟ
被高山环绕的山峰比孤立的山峰拥有更高的林线。周围更高的山充当了防风带,留住了热量。

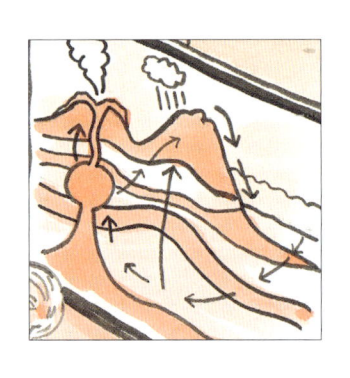

变质岩的形成 P
变质岩是由热量和压力共同作用形成的岩石，不包括熔融的岩石。

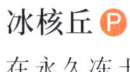

冰核丘 P
在永久冻土区，地表之下湖泊或含水层中的水逐渐冻结而膨胀，在地表形成扁平圆锥形的冰芯丘体。

天然裂变反应堆 P
地下的铀达到一定量时，能够发生连锁反应，产生大量的热量，相当于天然的裂变反应堆，如著名的加蓬奥克洛反应堆。

板块构造学 P
地球表层的板块在不断运动。一个板块滑向另一个板块的上方，抬升形成山脉，喜马拉雅山脉就是这样形成的。

氧化 P
氧化是物质与空气中的氧气发生反应。铁氧化形成了铁桥上的锈迹。

电位差 P
两个位置之间的电压差。云层与地面之间的电位差引发了闪电。

帕累托原则 P
在大多数情形下，80%的结果缘于20%的原因。20%的人口拥有80%的社会财富。

侵入关系原理 P
测定岩石年代的一种地质方法。沉积岩中如有火成岩穿过，那么火成岩形成的年代更晚。这种岩石侵入形成了图中岩基这样的岩体。

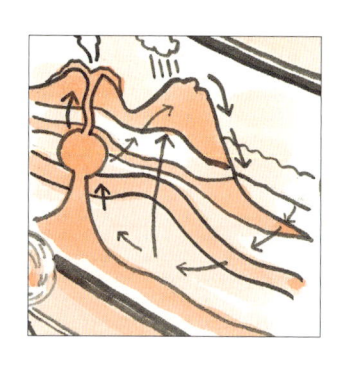

沉积岩的形成 P

沉积物（例如沙子）沉积压实后，在地下水中某些化学物质的作用下进一步胶结，形成沉积岩。

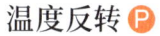

温度反转 P

上方的大气温度高于下方。温度的这种反转导致累积污染物并形成低空云。

趋肤效应 P

输电电缆等导体通过交流电时，感应引起的涡流会使电流集中于导体表面附近，导致电阻增加。

摩擦起电效应 P

摩擦产生静电。气球在猫身上摩擦后会产生静电，和闪电现象同理——大气中的冰晶发生摩擦起电。

太阳能 P

驱动地球天气系统的能量大部分来自太阳。模型展示的太阳能发电场利用的就是这一电磁能。

海啸 P

大量水突然移动形成的水上波浪，起因有地震或火山爆发等。

俯冲 P

一个构造板块俯冲向另一个板块下方，高温物质涌出，形成一连串火山。

天气锋 P

是指温度和气压不同的气团交界面，会导致多种天气。在气象地图上，锋面用半圆和三角标注。

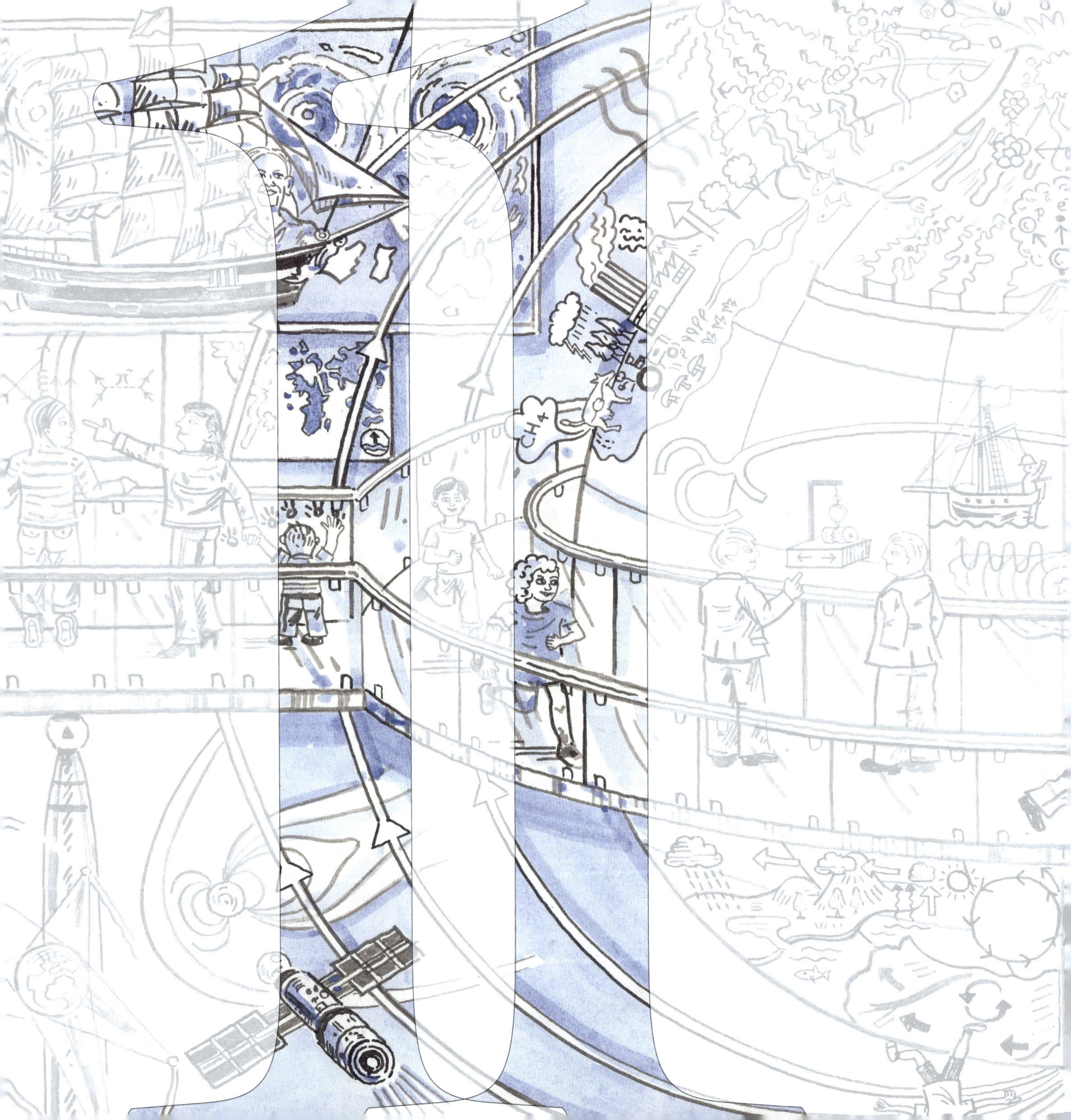
11
CH_4

地 球

The Earth

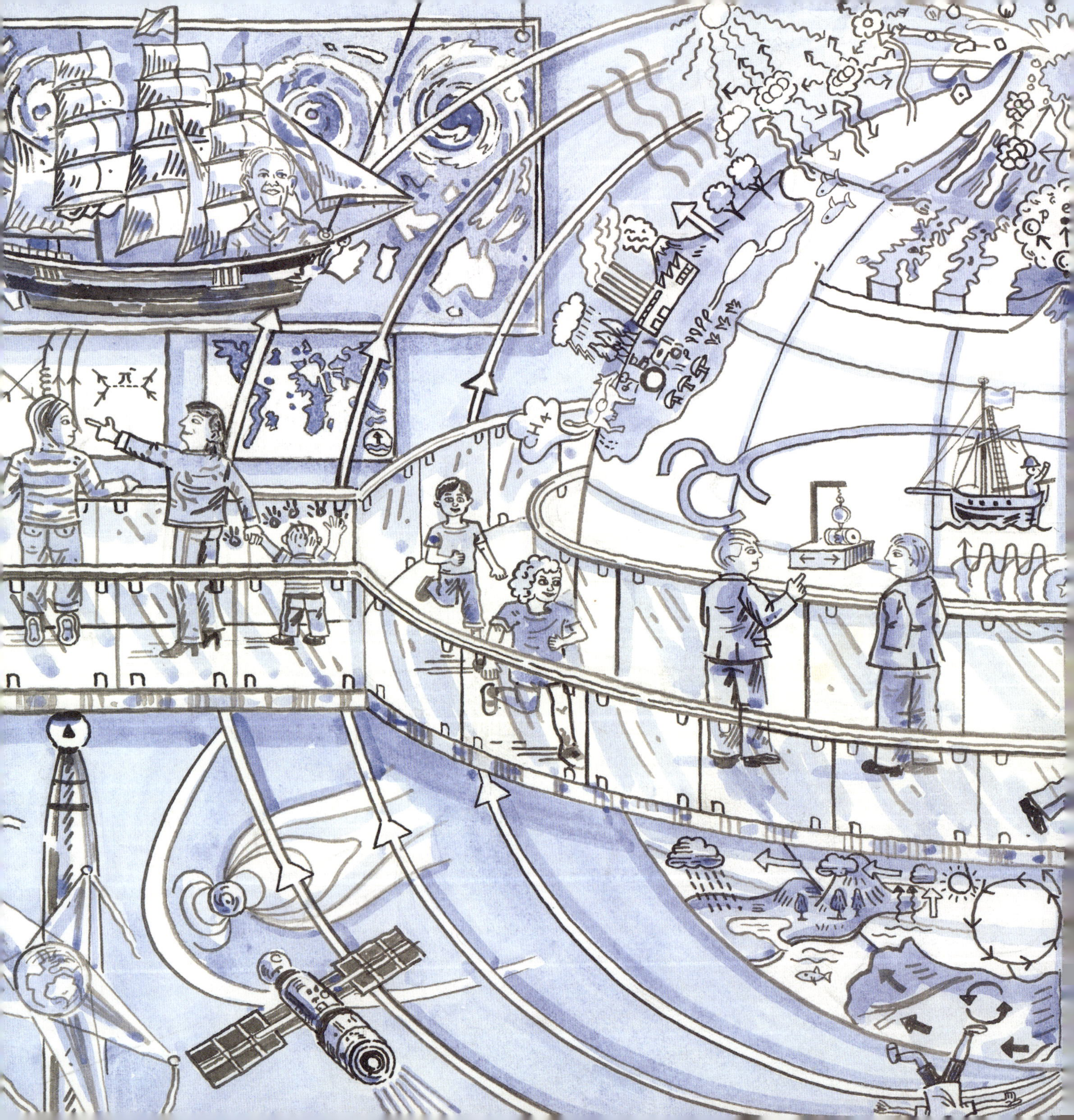

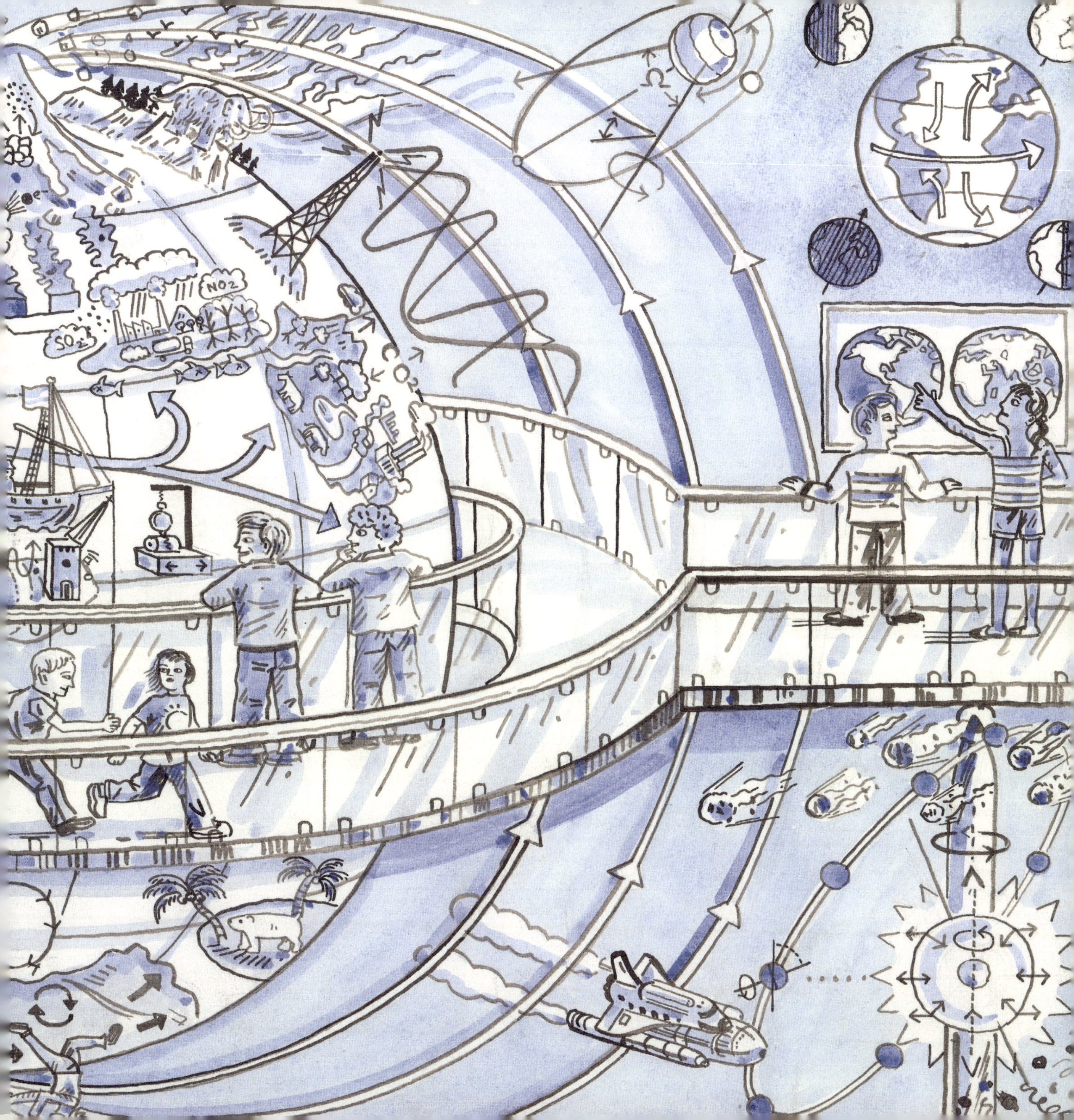
NO_2
SO_2
CO_2

地 球
The Earth

牛顿万有引力定律 L
该定律告诉我们，引力作用于物体的重心。无论身处地球上的何处，这一定律均适用。

交替投影地图 P
将地球球形地图投影为平面地图的方法有很多种。方位投影能够准确地反映与中心点的距离和相对方向。

热力学第二定律 L
一堆元素构成女孩这样的生命体后，熵（无序）减少了；而本定律认为熵不会减少，这是因为有太阳能量的参与。

人造卫星 P
围绕地球飞行的人造卫星被广泛运用于通信、导航、天气监测等领域。

酸雨 P
二氧化硫和氮氧化物等大气污染物溶解在雨水中，产生对动植物以及建筑物有害的酸性雨水。

极光效应 P
极光发生的条件：来自太阳的带电粒子——太阳风突破地球磁场的防护，刺激大气分子产生发光现象。

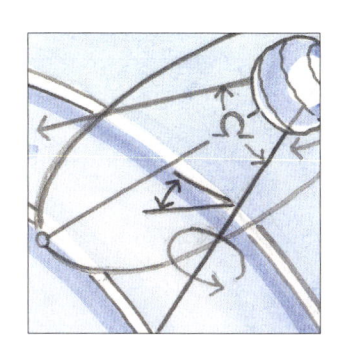

质心绕转 P
月球和地球绕着共同的质量中心旋转。地球和月球的共同质心位于地球内部。

对流 P
地球表层的巨大板块不断移动，进行着板块构造运动。其驱动力来自地球内部温差引发的地幔对流。

温室气体二氧化碳 P
化石燃料燃烧和火山活动产生的二氧化碳是主要的温室气体之一。地球发出的红外辐射被二氧化碳反射回地表。

科里奥利力 P
惯性力的一种，旋转体（如地球）因自转在其表面形成一种惯性力；该力垂直于旋转体表面物体的行进方向。

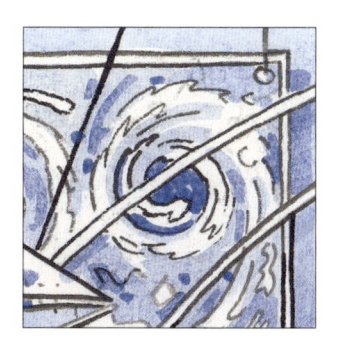

混沌理论 P
在混沌系统中，起因的微小变化会导致结果的巨大差异。气象地图展示的是一个混沌天气系统。

白天和黑夜 P
地球每 24 小时自转一周，这意味着地球表面各部分会被太阳光轮番照亮，于是有了白天和黑夜。

气候变化 P
自然或人为原因导致的气候变化。当前气候变暖导致海平面上升、栖息地改变，往往岛屿受到的影响较大。

探索地球结构 P
根据地震等现象产生的冲击波被转向和吸收的情况推导地球结构。图中的地震仪在检测震动。

地震 P
地震是指地球表面的震动，通常由移动的地壳板块相互作用而起。

赤道区鼓起 P
随着地球自转，地壳因离心作用在赤道处向外鼓起，形成扁球状而非正圆形的地球。

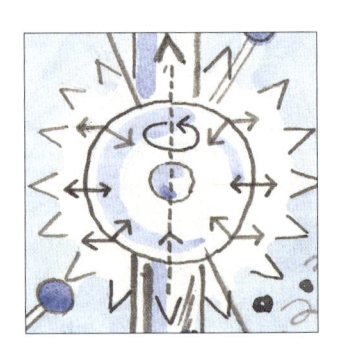

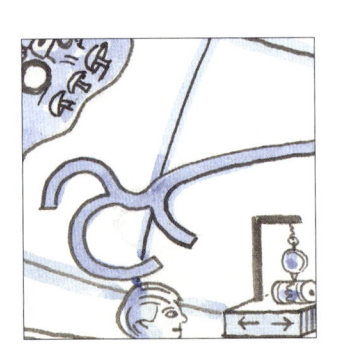

厄尔尼诺现象 P
太平洋海域温度分布异常导致洋流运行变化，致使太平洋沿岸气候极端反常。

二分点 P
二分的意思是日夜等分。当地球运行到绕日轨道的这两个点，太阳正对着地球赤道的位置。

电磁力 P
电磁力是维系原子的基本作用力。电磁力可以避免物体相互穿透。因为电磁力，人得以立足于人行道上。

快速碳循环 P
碳的循环：植物在生长过程中从大气中吸收碳，动物食用植物；生物体死去后腐烂分解，碳重新释放到大气中。

厄特沃什效应 P
离心作用会引起引力变化。受地球自转的影响，向东行驶的船受到的引力小于向西行驶的船。

未来海平面图 P
气候变化导致海平面上升，一是因为海水受热膨胀，一是受冰川融化影响。地图显示的是未来水位上升后的海岸线。

地球同步轨道 P
地球同步轨道上的卫星绕地飞行速度与地球自转速度相同；位于地球同步轨道上的卫星始终对着地球表面上同一点。

冰河时代 P
冰河时代，全球变冷，极地冰层蔓延覆盖了各大洲的大部分地区。在某个冰河时代，猛犸象被封于冰雪之中。

全球变暖 P
由于气候变化，全球气温正在升高。两极受全球变暖的影响最大，大量的冰在融化。

地球磁极 P
液态的铁、镍在地球的核心对流，地球因此有了磁场。地球磁极靠近但不重合于南北极。

温室效应 P
二氧化碳和甲烷等气体分子将红外辐射反射回地球表面，使地球变暖。

磁层 P
地球的磁场为地球抵挡了太阳风。否则，地球将暴露在这股带电粒子流的辐射下，并失去大气。

海氏层 P
通过高层大气中这一带电气层的反射，无线电波绕过地球曲面，可以抵达通常到不了的远处。

温室气体甲烷 P
甲烷（天然气）的温室效应甚于二氧化碳。奶牛等反刍动物的消化系统是甲烷的一大来源。

近地小行星 P

近地小行星是太阳系的早期遗迹,从渺如微尘到直径数千米不等。这些小行星的绕日轨道靠近地球的绕日轨道。

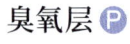

臭氧层 P

平流层(飞机飞行区)中臭氧(O_3)集中处。臭氧层能够吸收来自太阳的紫外线,避免到达地表的紫外线超标。

中微子 P

中微子与物质的相互作用极其微弱,以至于太阳射出的中微子能够穿透地球。利用中微子,我们可以在夜间拍摄太阳。

古地磁 P

一些含铁岩石的磁场指向出人意料,和目前地球磁场指向不同。这让追踪构造板块历史踪迹成为可能。

氮循环 P

氮循环一种自然循环:与植物共生的细菌将大气中的氮"固定"为养分,其他细菌随后又把氮返回大气。

岩石循环 P

岩石经历不同温度和压力的地球环境时会发生类型的转化,岩石的类型主要有三种:沉积岩、变质岩和火成岩。

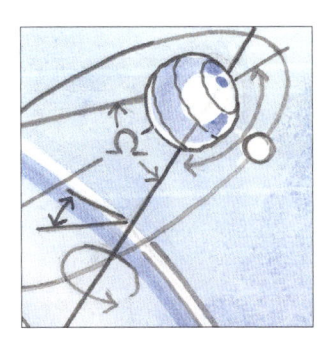

倾斜角 P

倾斜角是指物体的自转轴与其公转轨道之间的夹角。倾斜角造就了地球上的季节变化。

海底扩张 P

随着构造板块的移动,海底会发生扩张。火山岩浆冷却后形成新的洋壳。

慢碳循环 ⓟ

在缓慢的碳循环中,来自贝壳等有机物的碳在海洋中沉积,成为岩石的一部分,最终通过风化和火山作用重新释放。

信风 ⓟ

信风也称贸易风,为北半球盛行的东西向风,是帆动力商船畅行的动力。

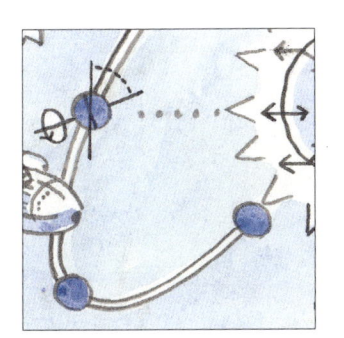

二至点 ⓟ

当地球运行到绕日轨道的这两个点,天空中的太阳位于一年中最北和最南的位置。

火山 ⓟ

由于板块构造活动,熔化的岩石(岩浆)受到压力向上冲破地壳,喷发形成火山。

强相互作用 ⓟ

这一作用力维系了原子核的稳定,将夸克稳住形成质子和中子。图中显示的是强作用力下粒子之间的相互作用。

水循环 ⓟ

水循环一种自然循环:太阳蒸发海洋的水,水以雨的形式落下,再流入海洋,流入海洋的过程中往往被生物有机体所利用。

温盐环流 ⓟ

这种大规模的海洋暖流活动是影响局部天气模式的因素之一。最为著名的温盐环流当数墨西哥湾流。

弱相互作用 ⓟ

弱相互作用是核衰变的起因。弱相互作用是火山的间接成因,因为火山活动的热能绝大部分源于地球内部的核反应。

12

太阳系
The Solar System

$$P_y^2 = a_{AU}^3$$

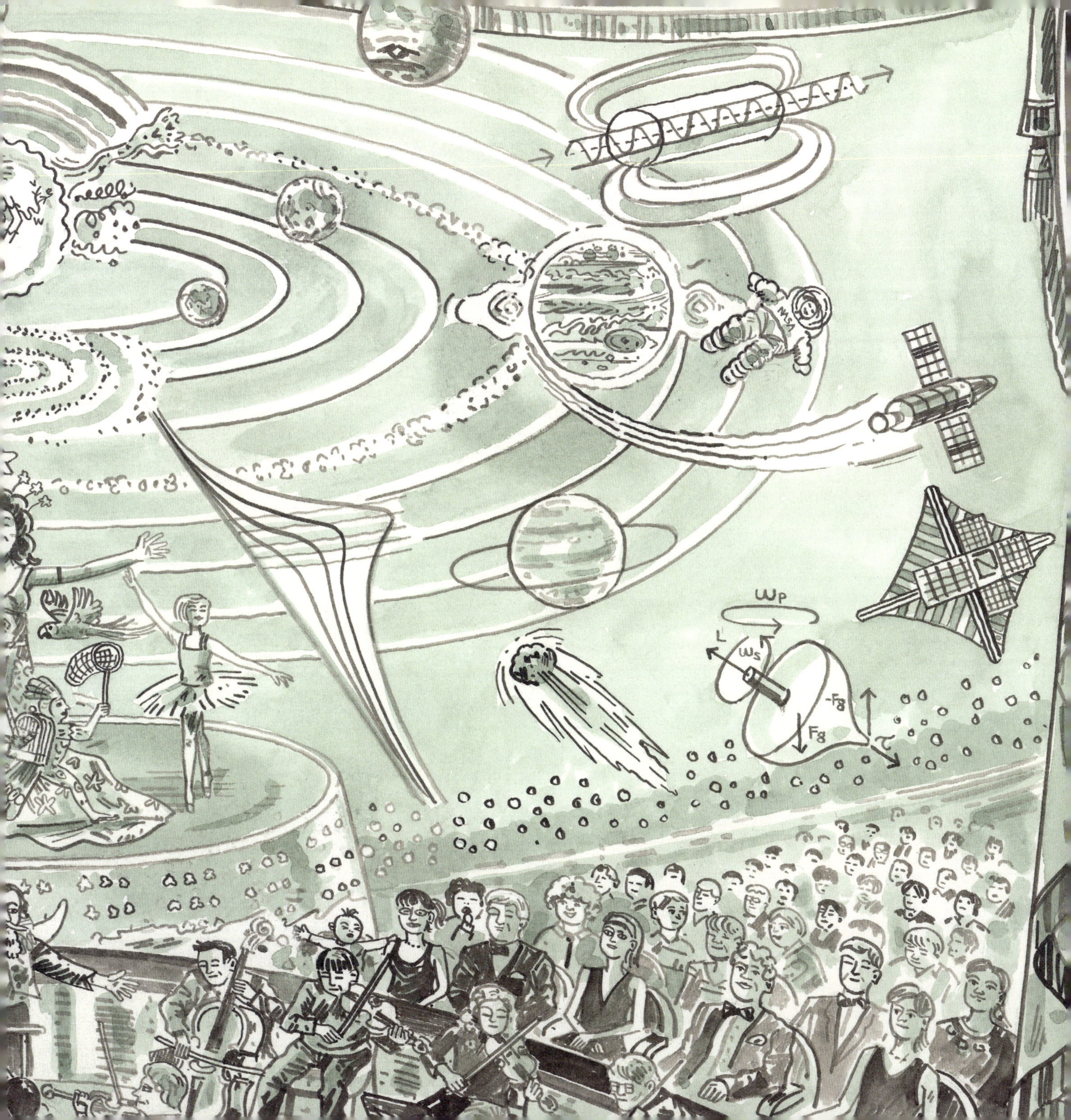
ω_p
L
ω_s
$-F_g$
F_g
τ

太阳系
The Solar System

角动量守恒
该定律解释了宇宙中万物皆自转。因引力聚拢时,物体自转速度会加快,例如舞者收回手臂时转得更快。

底摩特定律
太阳系行星的主要卫星的轨道周期与特定常数的 N 次方成正比,N 为卫星与行星距离(由近及远)的排序。

开普勒第一定律
行星的轨道为椭圆形,太阳位于椭圆两个焦点(相当于圆的中心)之一。捕鸟人就像一颗行星,绕着歌唱家这个太阳转。

开普勒第二定律
在行星与太阳之间连线,该连线在相同时间内扫过的面积相等。将捕鸟人固定在轨道上的弹力绳遵循这一定律。

开普勒第三定律
如谱架上的公式所示,太阳系行星轨道周期的平方与其椭圆轨道半长轴的立方成正比。

基尔霍夫第二光谱学定律
低密度气体发出多色光而非单色光,如太阳表层发出的光。

基尔霍夫第三光谱学定律 L
光穿过温度和密度较低的气体（如太阳大气层）时，特定频率的辐射被元素吸收，致使连续的光谱中出现黑线。

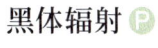

黑体辐射 P
物体受热后发出特定波长的辐射。太阳灼热表层发出的太阳光类似于黑体辐射。

吸积 P
在吸积过程中，大量自转的气体和尘埃在引力作用下聚拢，形成太阳系。

彗星 P
沿长椭圆形轨道围绕太阳旋转的脏冰球。在靠近太阳时，彗星因温度升高而挥发气体，看起来就像带着发光的尾巴。

反照率 P
天体对光的反射度。云和冰提高了地球的反照率。

蚀 P
一个天体运行至太阳和另一个天体之间，产生投影。月食时，月亮呈现红色，这是部分太阳光被地球的大气层散射所致。

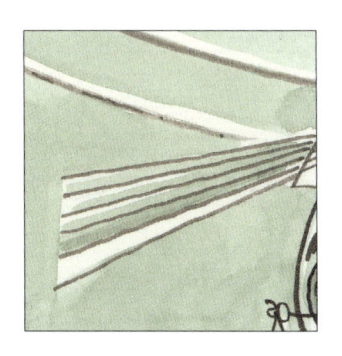

巴耳末谱线 P
太阳等恒星的光谱中夹着暗线，这说明了氢的存在，因为一种元素只能吸收特定颜色的光。

黄道 P
古人将太阳周年视运行线路称为黄道，其实就是地球绕太阳公转的轨道面在天球上的反映。

电磁辐射 P
电和磁相互作用带来的能量流。包括木星在内的许多天体发出的无线电波属于电磁辐射的一部分。

温室效应 P
金星本来应该是火辣版的地球：可惜富含二氧化碳的金星大气引发失控的温室效应，导致金星表面气温高达460℃。

法拉第效应 P
光粒子（光子）的振动方向垂直于其行进方向，称为偏振。木星这样的强大磁场足以使得太阳光的偏振方向发生偏转。

日球层 P
太阳的影响范围，即太阳风覆盖的范围。美国宇航局的两架旅行者号探测器已经到达日球层边缘。

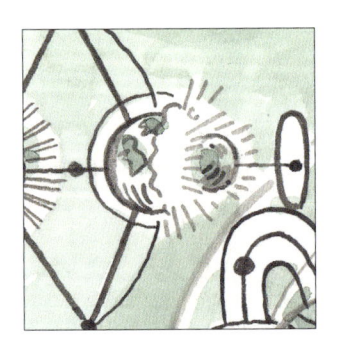

大碰撞假说 P
为什么地球拥有一个异常大的卫星——月球？目前比较中肯的解释是：年轻时的地球受到一颗行星体量的天体撞击，抛射出巨大碎片，最终形成了月球。

希尔球 P
地表以上受地球引力场支配的空间。卫星要实现绕地运行，必须待在希尔球内。

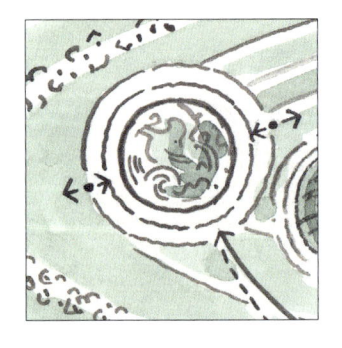

引力 P
引力是决定行星轨道的关键因素。根据其他行星轨道受到的引力干扰，人们推测出海王星的存在。

柯克伍德间隙 P
柯克伍德间隙是指火星和木星之间小行星带中的间隙。这些间隙与木星存在"轨道共振"，举例来说，这些间隙绕日公转三周，木星恰好绕日公转一周。

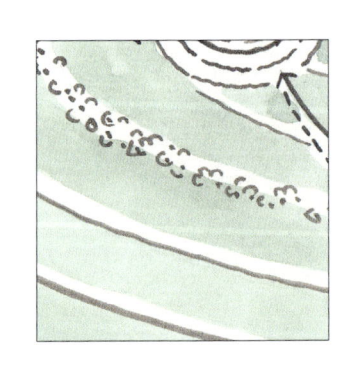

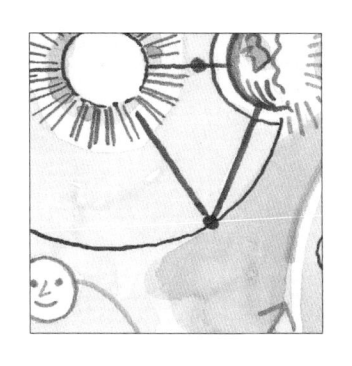

拉格朗日点 ⓟ
两个大质量物体引力达成平衡的点。物体位于地球和太阳之间的拉格朗日点时,将保持相对静止,许多卫星在此运行。

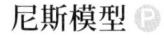

尼斯模型 ⓟ
太阳系早期演变的模型(构思于法国尼斯)。该模型认为:巨行星曾经更靠近太阳,后来向外迁移。

光压 ⓟ
光压是光子放出的微小压力。这意味着,卫星在太空中可以利用太阳帆来推进。

核聚变 ⓟ
太阳的能量来自核聚变。原子核聚合为更重的元素,同时释放能量。氢聚合成氦属于初级核聚变反应。

火星陨石 ⓟ
火星受到小行星的撞击,抛出大块的岩石,部分岩石最终到达地球,成为火星陨石。

奥伯特效应 ⓟ
奥伯特效应就是所谓的引力弹弓效应。太空探测器绕行星而过,借助行星的绕日运动提升速度。

中微子振荡 ⓟ
太阳核反应产生电子中微子(参见第116页),但检测到的数量远低于预期。这是因为中微子在传播时变"味",成了其他粒子,这一过程被称为振荡。

奥尔特云 ⓟ
远离太阳系行星轨道的冰天体聚集区。一些轨道周期长的彗星被认为来自奥尔特云。

轨道共振 P

土星的部分卫星之间存在轨道共振，这些卫星的轨道周期成倍数关系。共振效应有点类似于加推一把秋千。

逆行旋转 P

太阳系的大多数行星朝着同一个方向旋转，因为它们由同一批物质收缩而成。金星很久以前遭遇一颗小行星的撞击，因而朝着与太阳系其他行星相反的方向自转。

岁差 P

岁差是指天体的自转轴指向或公转轨道随着时间而变化。岁差表现为：行星轨道或行星自转轴端不断移位。

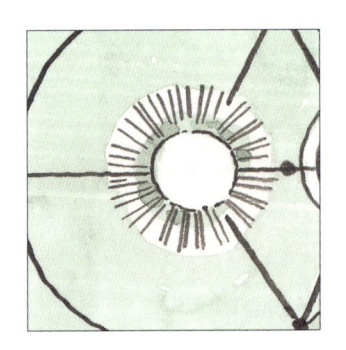

自组织系统 P

木星上的大红斑比地球还大，已经存在数百年；大红斑就是一个自组织系统，是混沌系统所引发的持续性流体流动现象，类似地球上的墨西哥湾流。

量子隧穿 P

量子粒子的分布具有概率性，因而量子能够穿过看似无法跨越的势垒。没有这种效应，太阳中的氢离子就无法充分接近发生核聚变。

恒星周期 P

天体绕特定恒星公转一周所需的时间。在移动的地球上观察，月球的恒星周期和其轨道周期不同。

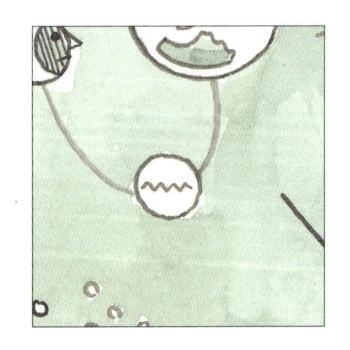

瑞利-贝纳德对流 P

在下方受热时，流体会形成对流斑图，看起来有些像蛙卵。太阳表层存在这种对流。

太阳耀斑和日冕物质抛射 P

太阳耀斑指太阳上突然出现的亮点，常伴有日冕物质抛射，即太阳表层喷出带电物质的现象。

太阳风
带电粒子流从太阳不断流向四面八方。

威尔逊效应
18 世纪,人们注意到靠近边缘的太阳黑子看着更为平坦,才意识到:太阳黑子位于太阳表层,而不是绕着太阳转。

强相互作用
维系原子核中基本粒子的力。核聚变时释放出部分强相互作用能量,为太阳提供了能量来源。

X 射线荧光
金星大气吸收来自太阳的 X 射线并重新射出,金星放出 X 射线的过程被称为荧光散射。

太阳黑子周期
太阳黑子指的是太阳表层受磁效应作用形成的相对低温区。太阳黑子分大小年,最长的活动周期约为 11 年。

亚尔科夫斯基 – 奥基夫 – 拉济耶夫斯基 – 帕达克效应
简称 YORP 效应,该效应的主要内容是:小行星等小型天体吸收太阳辐射并重新射出后,其自转速度发生改变。

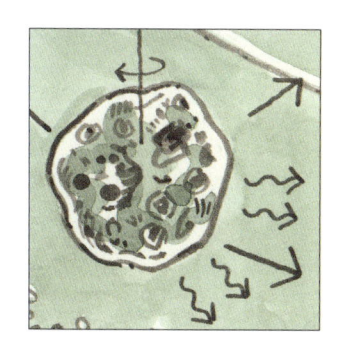

潮汐锁定
受地球引力作用,月球的形状发生改变,其自转周期逐步调整,最终月球始终用同一个面对着地球。

塞曼效应
原子发出的特定频率光谱在强磁场下分裂为多个不同频率。太阳黑子会引起塞曼效应。

13

整个宇宙

The Entire Universe!

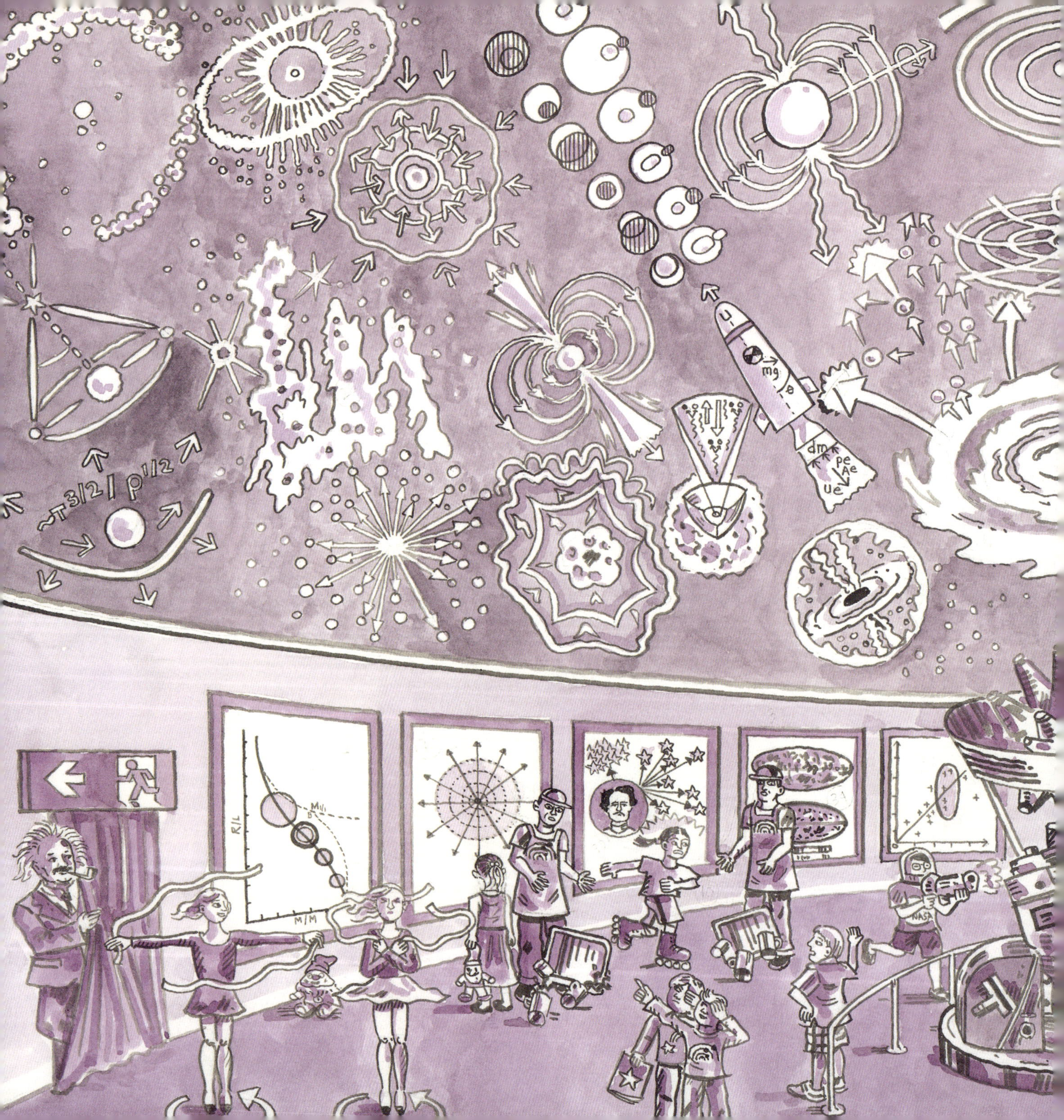
mg
dm
R/L
M/M
NASA

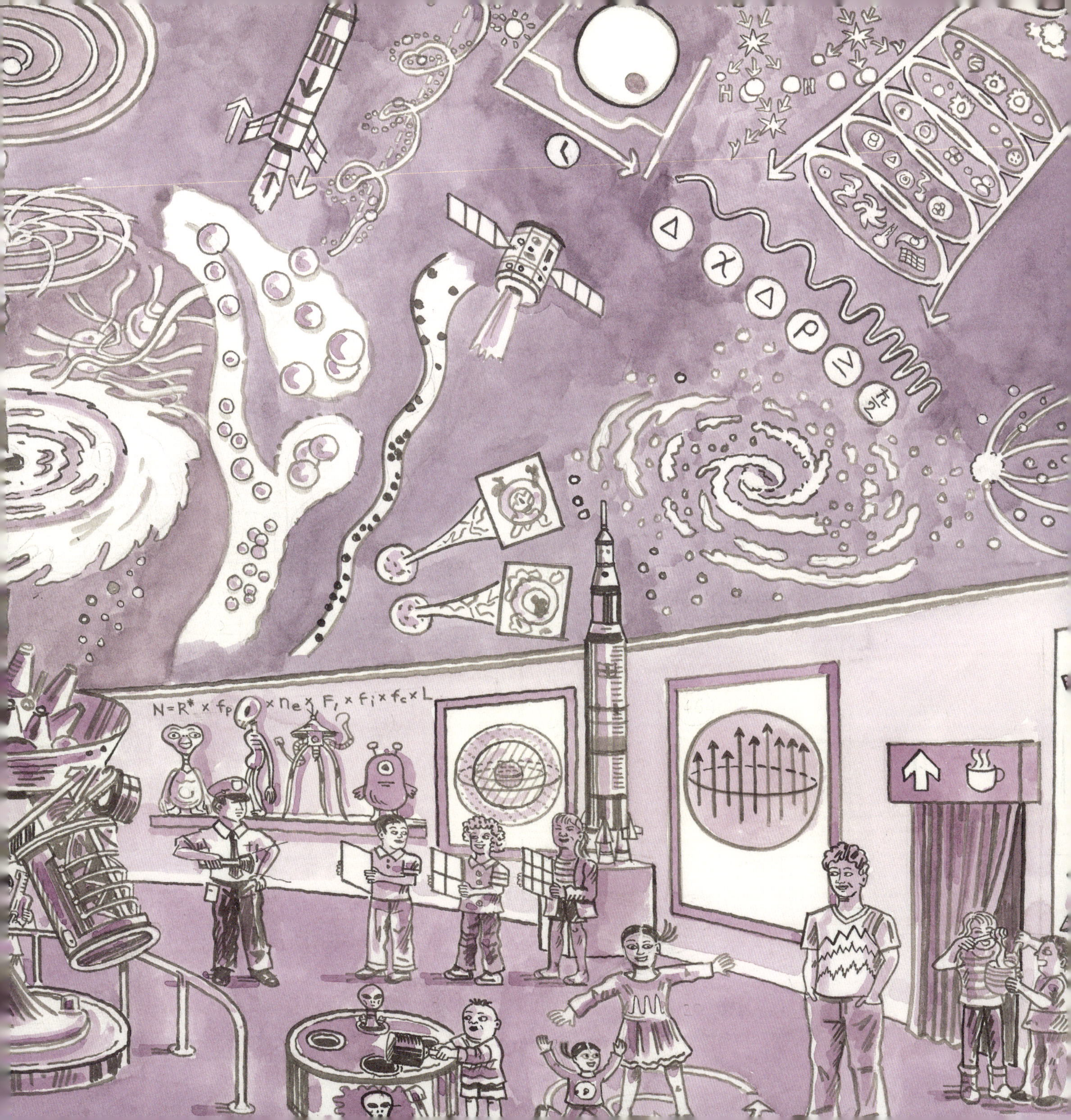
N=R* x fp x ne x Fl x fi x fc x L

整个宇宙
The Entire Universe!

角动量守恒 L
转动的"活力"总量守恒。正因如此,滑冰者收回手臂时旋转得更快,星系形成螺旋状。

平方反比定律 L
效应与距离的平方成反比。随着距离的平方增大,光的亮度下降:这一规律被用于测量恒星以及星系的距离。

库仑定律 L
这是一条关于带电粒子间作用力的定律。离子推进器借助电斥力喷出反应物质,从而调整卫星在轨位置。

牛顿第三定律 L
该定理是火箭的运行原理。飞船的火箭喷出尾气,产生一个大小相等、方向相反的力向上推动飞船。

哈勃定律 L
与我们邻近的恒星正在日渐远离,其他星系也离我们越来越远;星系与我们之间的距离越远,离开的速度越快。这表明宇宙正在膨胀。

斯涅尔折射定律 L
该定律描述了光在穿过传播速度不同的介质时发生的方向变化。放映机镜头对焦靠的就是斯涅尔折射定律。

不确定性原理 L
不确定性原理认为，粒子在太空中瞬间出现又瞬间消失——就像游戏中的外星人，消失得太快而难以察觉。

钱德拉塞卡极限 P
状态稳定的白矮星所能具有的最大质量。质量超过钱德拉塞卡极限的白矮星将坍缩成为中子星或黑洞。

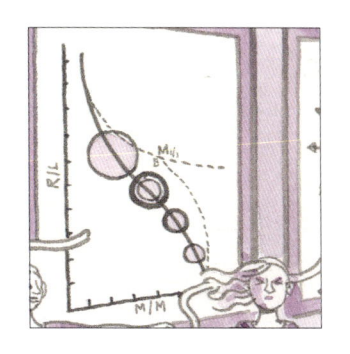

天体测量 P
对太空中天体的位置和运动进行测量。测量行星引力引起的恒星摆动，可用于寻找系外行星（系外恒星周围的行星）。

宇宙微波背景辐射 P
宇宙在诞生30万年后首次变得透明，光开始四处传播。于是，微弱的微波辐射充斥于整个太空。

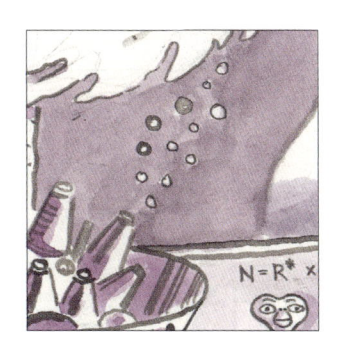

黑体辐射 P
不反射物体因自身温度发出的电磁辐射。遍布太空的宇宙微波辐射属于黑体辐射，其温度为2.7K（-270℃）。

暗能量 P
宇宙正在加速膨胀。宇宙膨胀需要能量支持，那就是暗能量。暗能量的相关理论很多，但暗能量的来源至今不明。

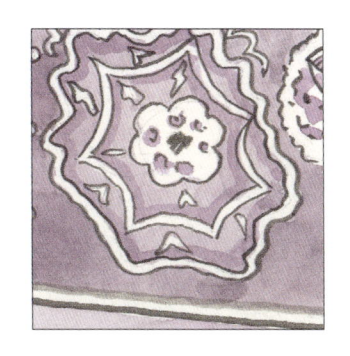

黑洞形成 P
在恒星的生命末期，恒星因质量过大导致其内部压力不足以抗衡自身物质的引力而坍缩形成黑洞。

暗物质 P
一种设想中的、尚未被探测到的宇宙间的特殊物质。星系旋转的速度如此之快，仅凭星系自身的可见物质无法维系星系的旋转。由此，人们推断存在暗物质。

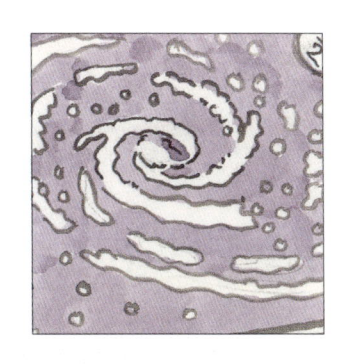

多普勒光谱学 P

寻找系外恒星周围行星的光谱学方法：在行星引力下，恒星会发生多普勒频移，改变光谱的颜色。小女孩就像一颗行星，绕着姐姐这颗恒星移动。

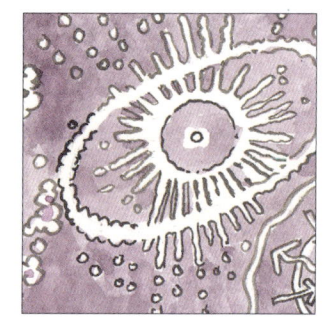

系外行星直接成像 P

望远镜已具备足够强大的性能，能直接观测系外恒星周围的行星，而不是间接探测其影响。图中圆圈为行星的轨迹集成。

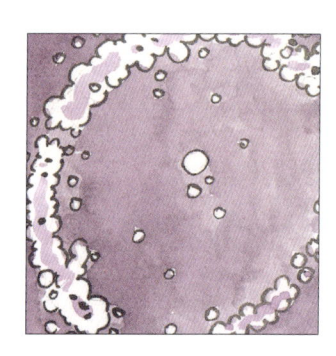

德雷克公式 P

该公式设计了多个未知参数，以估算银河系中可能存在的外星文明数量。

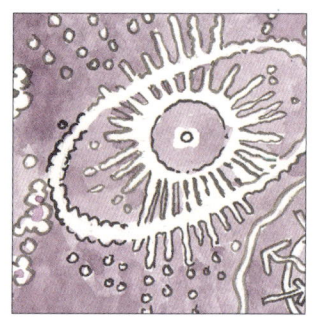

广义相对论 P

引力使空间弯曲：光在经过大质量物体附近时，光的路径发生弯曲。单个物体发出的光被分散向多个方向，形成爱因斯坦环。

食双星 P

两颗恒星（双星系统）相互环绕转动，从对方前面经过，造成两颗恒星的亮度周期性变化。

引力波 P

大规模事件引起时空结构波动，如黑洞相互绕转、碰撞。在地球上探测引力波需要精密的仪器。

爱丁顿阀机制 P

某些恒星由于内部构造活动而发生周期性亮度变化，以造父变星和米拉变星最广为人知。这类变星被当作"标准烛光"，用于测量距离。

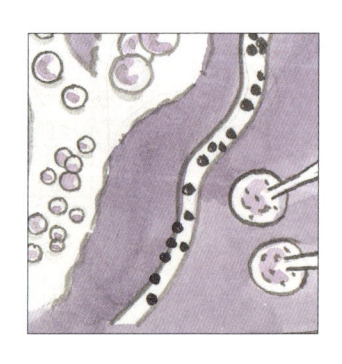

霍金辐射 P

虽然光都无法逃出强大的黑洞引力场，但黑洞确实会发出微弱的霍金辐射。霍金辐射源于粒子的量子效应。

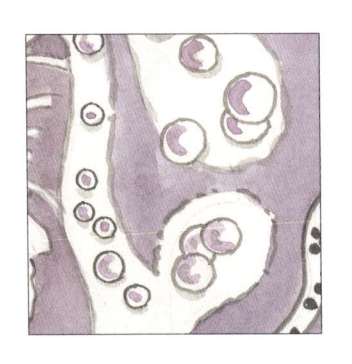

赫罗图 P
该图展示了不同类型恒星之间的关系以及恒星的演化历程。

MOND P
修正的牛顿动力学——对暗物质相关效应的另一种理论阐释，在超大质量天体引力作用方面进行了修正。

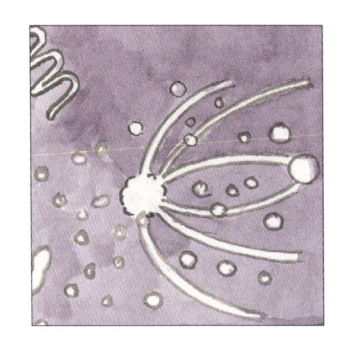

暴胀理论 P
该理论认为宇宙在早期经历了一段短暂的极速膨胀。该理论有助于解释宇宙目前的状态，但尚未找到有力证据。

多重宇宙理论 P
这一假说认为多次大爆炸产生了多个暴胀的宇宙，就像液体表面的泡泡。

金斯质量 P
达到金斯质量时，气态云会在自身引力的作用下坍缩成恒星。

星云 P
太空中的雾团（英文名Nebula，源于拉丁语，意为"云"）——发光的气态云团，可能是恒星的孕育之所，也可能是恒星爆炸后留下的遗迹。

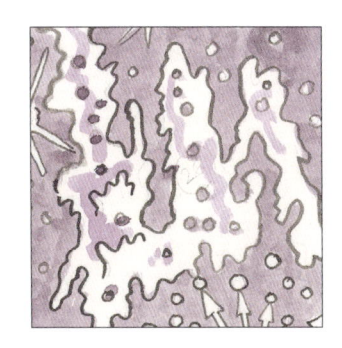

伦斯-瑟林效应 P
一种广义相对论效应：转动的巨大物体拉拽着周围时空，仿佛勺子在蜂蜜中打转，这一过程被称为参考系拖曳。

中子星的形成 P
中子星是恒星在演化末期，经历超新星爆炸，残留下来的内核——中子星的密度极大，一茶匙大小的中子星物质重达1亿吨。

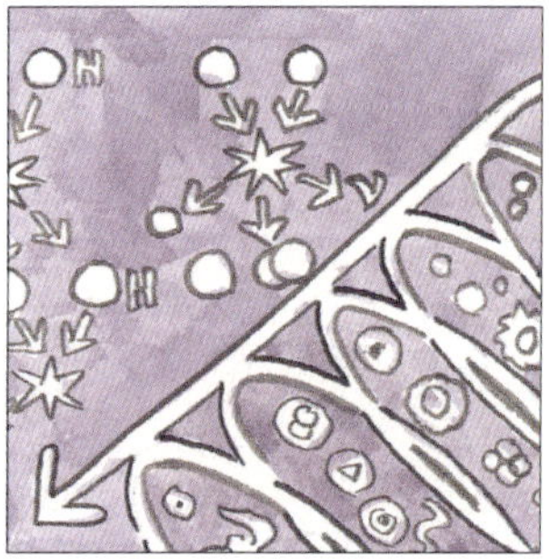

核聚变

恒星和超新星通过核聚变将氢聚合成氦，接着生成更重的物质，逐渐形成所有的94种天然元素。

奥尔伯斯悖论

如果宇宙是没有边际的，各个方向应该都分布有恒星。著名作家埃德加·艾伦·坡指出，有限的光速和宇宙寿命意味着我们只能看到较近的恒星。

视差

对于较近的恒星，我们可根据两个视点观察到的视移来测定其距离——这类似于轮流遮住左右眼看到的物体位移。

等离子武器

等离子武器是科幻小说中一种相对具有现实可行性的武器，其原理是通过电磁排斥发射出一束束超热电离气体。

均匀性原理

该假说认为：宇宙在大尺度上是均匀的；无论观测者位于何处，都会得到同样的观测结果。

各向同性原理

该假说认为：宇宙在大尺度上各向同性——无论你向哪个方向观察，都可以获得同样的（符合物理定律的）观测证据。

脉冲星

快速旋转的中子星会周期性发出无线电脉冲，因此被称为脉冲星。当脉冲星第一次被观测到时，这些脉冲被当作外星人发出的信号。

类星体

类星体是"类似恒星的天体"的简称：在年轻的星系中心，一个超大质量黑洞吸入物质，并发出超常的数千倍于普通恒星的亮度。

同时性的相对性 Ⓟ
空间中事件的同时性取决于相对运动。快速移动的轮滑者观察到：在同时跌落的盘子中，总有一个稍早一点落下。

火箭方程 Ⓟ
该方程描述了一架火箭可能发生的速度变化取决于火箭所携带的反应物质的量；同时解释了地球发射出去的火箭为何设计成多级。

失控的核聚变 Ⓟ
恒星进入超新星状态的一种机制：白矮星吸收了过多的物质后，发生的突然而剧烈的核聚变反应。

萨克斯-沃尔夫效应 Ⓟ
经过引力场，光子损失能量而发生引力红移，导致宇宙微波背景辐射产生波动。

恒星核心坍缩 Ⓟ
引发超新星诞生的另一种机制：超大质量恒星的核心在自身引力的作用下坍缩，将其余物质抛出。

托尔曼-奥本海默-沃尔科夫极限 Ⓟ
坍缩中的恒星产生超新星爆炸，最终成为中子星或黑洞——该极限是中子星的质量上限（超过该极限最终会成为黑洞）。

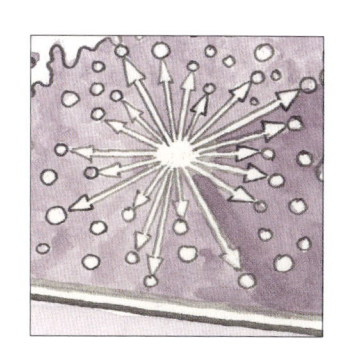

凌日法 Ⓟ
凌日法是另外一种探测系外恒星周围行星的方法。凌日法依据是：行星从恒星前方经过时，恒星的视觉亮度会下降。

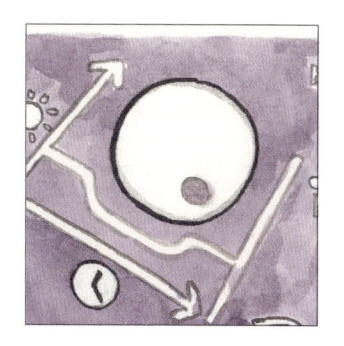

大爆炸发生的地点 Ⓟ
每一处空间都源自大爆炸，大爆炸无处不在，包括天文馆中这个角落。

CIENTI
RICARD

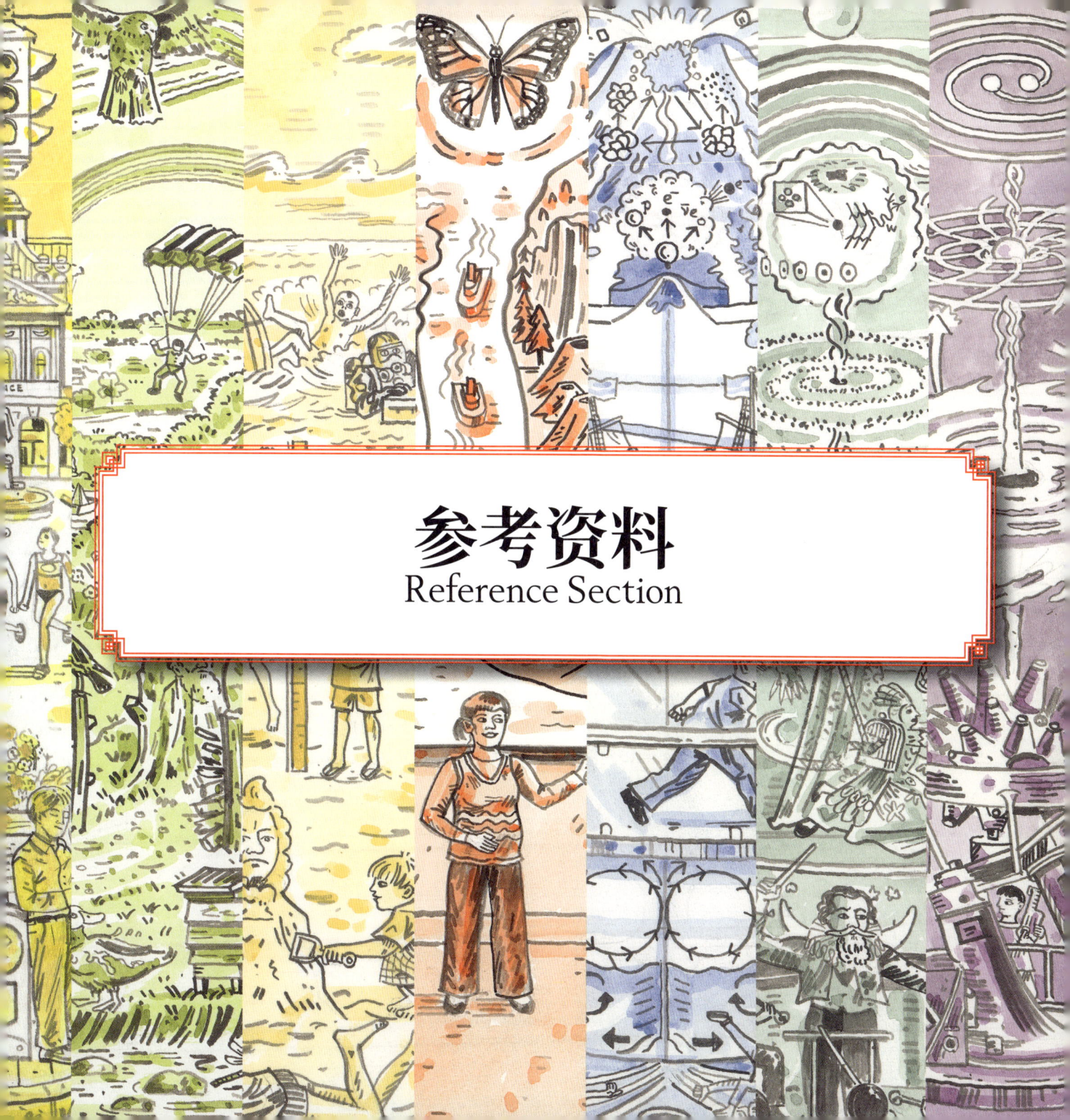

参考资料
Reference Section

关键人物

1

威廉·汤姆森

（William Thomson，开尔文勋爵）

1824—1907

重要发现

热力学定律

　　威廉·汤姆森于 1824 年 6 月 26 日出生在贝尔法斯特，第一代开尔文男爵，成就卓著的物理学家和工程师。从剑桥大学毕业后，他 22 岁就当上了格拉斯哥大学自然哲学教授。他最为突出的成就在热力学领域；由于对大西洋海底电缆项目的突出贡献，他在 1866 年被授予爵位。他提出了绝对零度的概念——理论上的最低温度，为以后意义非凡的热力学第二定律建立了雏形。汤姆森还热衷于地球年龄的讨论，认为地球必定存在了数百万年。他于 1907 年 12 月 17 日在拉格斯去世。

2

玛丽·居里（Marie Curie）

1867—1934

重要发现

放射

玛丽·居里原名玛丽亚·萨洛梅亚·斯克沃多夫斯卡，于 1867 年 11 月 7 日出生于华沙，后在巴黎的索邦大学学习物理学。因研究生实验室不足，她与后来的丈夫皮埃尔·居里（Pierre Curie）共用一个实验室；两个人于 1895 年 7 月结婚。婚后两年，居里夫人开始研究放射现象。1898 年，她发现沥青铀矿是种强大的放射源。她与皮埃尔一起，提炼出一种活性 400 倍于铀的物质，后命名为钋。当年，他们还发现了另一种放射性元素，命名为镭。居里夫妇因在放射性物质方面的研究荣获 1903 年诺贝尔物理学奖，居里夫人因镭和钋的发现还获得了 1911 年诺贝尔化学奖。在第一次世界大战期间，居里夫人开发了可移动的 X 射线装置，开创了放射医疗的先河。由于过度暴露于辐射物质之下，她于 1934 年 7 月 4 日去世。

3

比萨的列奥纳多
（Leonardo of Pisa，又名斐波那契）

约 1170 — 约 1250

重要发现

斐波那契数列

列奥纳多于 1170 年左右出生在比萨；他的昵称斐波那契更为人所熟知，意为"波那契的儿子"。斐波那契随父亲前往北非，接触到当时阿拉伯数学家使用的印度数字。在 1202 年出版的《计算之书》中，斐波那契向西方世界介绍了这些数字以及零。在这本书中，斐波那契还研究了种群繁殖。他设计了一个简单的模型：兔子的发育成熟需要一个月，一对成年兔子每个月可生出一对兔子（一雄，一雌）。没有兔子死亡。月复一月，兔子的对数依次为 1，1，2，3，5，8，13……每个月的数值为前两个月之和。尽管不是现实的种群模型，这一数列却在自然现象中得到了印证，例如花盘中分布的种子数目。斐波那契从事了数十年的会计和数学教学工作，于 1240 年至 1250 年间去世。

4

理查德·费曼（Richard Feynman）

1918—1988

重要发现

量子电动力学（QED）

5

林恩·马古利斯（Lynn Margulis）

1938—2011

重要发现

内共生

　　理查德·费曼于1918年5月11日出生在纽约，人称物理学家中的物理学家——物理界的传奇；和他的科学天分一样，他传播物理知识的能力同样出类拔萃。从麻省理工学院（MIT）毕业后，费曼加入了曼哈顿计划，即第二次世界大战期间的核弹研制项目。

　　费曼在物理学领域的主要成就是量子电动力学（QED），一门关于光与物质的科学；他因此和另外两名科学家共同荣获了诺贝尔奖。费曼图是费曼开发的QED研究辅助工具，对该学科的发展功不可没。凭借两本出版物，费曼渐渐有了知名度。一本是他的本科课堂记录《费曼物理学讲义》，这套经典教科书意外畅销；他的回忆录集《别闹了，费曼先生》全然另一种风格，同样广受欢迎。费曼于1988年2月15日去世。

　　林恩·马古利斯于1938年3月5日出生在芝加哥；获得博士学位两年后，29岁的她形成了一个颠覆性的想法——内共生。她认为：被称为线粒体的生物细胞小亚基原本是细菌，被细胞囊入形成共生关系。马古利斯由此推测许多植物中承担光合作用的叶绿体曾经也是独立的有机体。由于和当时尚不成熟的达尔文进化论相悖，她的理论最初遭到否定。10年后，她的想法才被充分证实，成为主流理论。马古利斯还与詹姆斯·洛夫洛克合作研究了盖亚假说，该假说认为：地球是一个自我调节系统，颇有点像一个巨大的有机体。马古利斯继续寻找细胞结构中的共生关系，十分认同一种有待证实的理论：变形物种的幼体和成体由不同的祖先进化而来。马古利斯于2011年11月22日去世。

6

艾萨克·牛顿（Isaac Newton）
1642—1726

重要发现
运动定律和引力定律

    艾萨克·牛顿于 1642 年 12 月 25 日（旧式儒略历）出生在林肯郡的伍尔索普庄园，在剑桥大学求学时已经表现出过人的才智。牛顿于 1665 年从剑桥大学毕业，不久后就因瘟疫被迫居家两年；其间，据说受苹果掉落的启发，他开始思考关于引力的问题。他的早期成就集中在光学领域，他早期制作的反射望远镜获得皇家学会关注，他发现了白光由多种颜色组成的奥秘。1687 年，他出版代表作《自然哲学的数学原理》，发布了运动定律和万有引力定律。在该书中，他运用了自创的数学技巧，即流数法，现在常称为微积分。牛顿后来接任皇家铸币厂厂长，在 1705 年因政绩被授予爵位，于 1726 年 3 月 20 日（旧式儒略历）在伦敦肯辛顿去世。

7

迈克尔·法拉第（Michael Faraday）
1791—1867

重要发现
电动机，电磁感应

    迈克尔·法拉第于 1791 年 9 月 22 日出生在伦敦一个贫寒家庭，14 岁时在一家图书装订店当学徒。法拉第通过阅读和旁听讲座自学，1813 年获任伦敦皇家学院化学助理一职。凭借出众的实验能力，法拉第被擢升为实验室主任，并于 1833 年评上化学教授。他在化学领域的成就斐然，不过他最重要的发现在物理学领域。1821 年，他发现了电动机背后的电磁旋转现象；1831 年，他发现了发电机原理——电磁感应。他还发明了"场"的概念；这一概念后来成为物理学理论的关键，有助于电、磁概念的融合。法拉第还是一位技巧精湛的演说家，提高了学院讲座的普及度。他于 1867 年 8 月 25 日在伦敦附近的汉普顿郡去世。

8

查尔斯·达尔文（Charles Darwin）

1809—1882

重要发现

进化

查尔斯·达尔文于 1809 年 2 月 12 日出生在什鲁斯伯里（Shrewsbury）；他原本计划从剑桥大学毕业后去做牧师，不料迷上了地质学和植物学。于是，他受邀参加了皇家军舰小猎犬号 5 年期的考察航行，承担南美洲海岸线的绘制任务。这次旅行途经南美洲和大洋洲，达尔文收集到大量标本。他注意到加拉帕戈斯群岛上的鸟类和陆龟的变异情况，于是开始思索物种是如何进化的。过了 22 年，达尔文收到博物学家阿尔弗雷德·罗素·华莱士的一封信，信中概述了关于自然选择的想法；他这才赶着在 1859 年出版了他的进化论代表作《物种起源》。这本书及 1871 年的续篇《人类的由来》均大获成功。达尔文于 1882 年 4 月 19 日去世。

9

乔治·斯托克斯（George Stokes）

1819—1903

重要发现

斯托克斯定律，斯托克斯漂移

乔治·斯托克斯于 1819 年 8 月 13 日出生在斯莱戈郡的斯克林，是维多利亚时代的杰出物理学家，担任剑桥大学卢卡斯教授（荣誉席位，前任有艾萨克·牛顿，后继者中有斯蒂芬·霍金）长达 54 年。剑桥大学毕业后，他终身在大学任职。他极大地推进了对偏振光和荧光（他取的名字）的认识，对地表重力变化进行了有益的研究；不过，与他名字关联度更高的是流体动力学 —— 一门关于液体和气体流动的科学。在流体动力学中，纳维 - 斯托克斯方程是关键方程，地位相当于牛顿第二运动定律。方程的雏形由法国工程师克劳德 - 路易·纳维制定，但没得到充分证实。1845 年，斯托克斯对方程进行了科学优化。斯托克斯于 1889 年被授予爵位，于 1903 年 2 月 1 日去世。

10
阿尔弗雷德·魏格纳（Alfred Wegener）
1880—1930

重要发现

大陆漂移，板块构造

    阿尔弗雷德·魏格纳于 1880 年 11 月 1 日出生在柏林。为了让自己饱受争议的理论得到认可，他经历了艰苦而漫长的斗争。魏格纳曾求学于柏林、海德堡和因斯布鲁克等地，后从事气象学工作，参加过四次格陵兰考察。参加工作不久，魏格纳注意到美洲东海岸的轮廓与非洲、西欧的海岸极其吻合，仿佛一张巨大的拼图。他猜想，各个大陆曾经连在一起，后来渐行渐远。不同地区岩石类型和化石的相似性证实了这一观点，这些地区应该有过联系。1915 年魏格纳发表了他的观点，但这一理念看似如此荒诞不经，在他去世 20 年后才逐渐被接受。如今，板块构造理论已深入人心。1930 年 11 月，魏格纳在他最后一次格陵兰考察中因补给耗尽而亡。

11
爱德华·洛伦兹（Edward Lorenz）
1917—2008

重要发现

混沌理论

    爱德华·洛伦兹于 1917 年 5 月 23 日出生在康涅狄格州西哈特福德，他是一位数学家和气象学家，混沌理论原理的发现者。在达特茅斯学院、哈佛大学求学后，洛伦兹来到麻省理工学院（MIT）。1961 年，洛伦兹在麻省理工学院取得了惊人的发现。他在早期的计算机上运行天气模型。运行半途中止；洛伦兹没有从头开始这一缓慢的计算过程，而是将运行中途所得数值输入进去继续计算。令他感到意外的是，计算得出的天气预测与第一次运行的结果截然不同。原来，系统打印出来的计算值减少了小数位。微小的差异导致结果发生巨大变化——这正是混沌理论的本质。这类因果关系被称作"蝴蝶效应"，名字来自洛伦兹一篇文章的标题。洛伦兹于 2008 年 4 月 16 日去世。

12

约翰内斯·开普勒(Johannes Kepler)

1571—1630

重要发现

行星运动定律

约翰内斯·开普勒于 1571 年 12 月 27 日出生在神圣罗马帝国(今属德国)符腾堡,从事光学和对数研究,却因行星运动定律名垂史册。在图宾根大学求学期间,他接触到哥白尼的革命性理论——太阳才是太阳系的中心。开普勒早期的一大突破是:他断定月球并非一颗普通的行星;他赋予 satellite 新的词义,将月球描述为地球的 satellite。他对宇宙的部分观点现在看来略显怪诞——他认为行星的轨道是由大小不一的球体、四面体和立方体等规则体(柏拉图多面体)相切而成。尽管如此,开普勒定律足以令他成为不朽的传奇。在这些定律中,他指出行星以太阳为一个焦点沿椭圆轨道运行,还描述了行星在轨道上的运行速度。开普勒于 1630 年 11 月 15 日在雷根斯堡去世。

13

阿尔伯特·爱因斯坦(Albert Einstein)

1879—1955

重要发现

相对论,黑洞,引力波

全球最知名的科学家之一阿尔伯特·爱因斯坦于 1879 年 3 月 14 日出生在德国乌尔姆。爱因斯坦很早就对科学产生兴趣,但非常抵触常规化的学校教育:随家人迁居意大利不到一年,16 岁的他选择退学,宣布放弃德国公民身份而前往瑞士。结束苏黎世理工学院学业后,他未能留校任职,在瑞士专利局谋得一份工作。1905 年,在专利局任职期间,他发表了一系列论文,内容涉及测定分子大小、介绍狭义相对论、阐释光电效应(该理论奠定了量子理论的基础并为他赢得了诺贝尔奖)以及发布公式 $E=mc^2$ 等。1915 年,他对引力提出了一种新的阐释——广义相对论,达到了科学生涯的颠覆。后来,他还发现了激光机制并预言了引力波。1933 年,身为犹太后裔的爱因斯坦离开敌意日盛的德国前往美国;逝于 1955 年 4 月 18 日。

定律与现象索引

A

accretion 吸积123
acid 酸22
acid rain 酸雨112
acid–base reaction 酸碱反应13
adiabatic cooling 绝热冷却 93,102
adiabatic expansion 绝热膨胀13
aerobic/anaerobic exercise 有氧/无氧运动52
aerobic respiration 有氧呼吸82
air mass 气团102
albedo 反照率123
alkali 碱22
allotropes 同素异形体33
alternative projection map 交替投影地图112
amorphous solid 无定形固体43
Ampère's law 安培定律22,62
amphiphilic substances 两亲性物质73
anaesthesia 麻醉52
anchoring effect 锚定效应73
angiogenesis 血管生成52
anisotropy 各向异性33
antimatter 反物质52
antiperistalsis 逆蠕动52
Archie's law 阿尔奇定律92
Archimedes' law of the lever 阿基米德杠杆定律62
Archimedes' principle of flotation 阿基米德浮力定律62,92
artificial satellites 人造卫星112
asexual reproduction 无性繁殖83
asteroid impact crater 小行星撞击坑103
astrometry 天体测量133
atomic nucleus 原子核43
atomic structure 原子结构43
aurora effects 极光效应112
auscultation 听诊53
Avogadro's law 阿伏伽德罗定律32

B

Balmer spectral lines 巴尔末谱线123
barycentric rotation 重心旋转113
Bayesian simultaneous location and mapping 贝叶斯同时定位与地图创建73
Baywatch principle 海岸救生队原则94
Beam splitter 分束器73
Bernoulli principle 伯努利原理62
Betz's law 贝茨定律102
big bang 宇宙大爆炸137
bioluminescence 生物发光83
black body radiation 黑体辐射33,123,133
black hole formation 黑洞形成133
blood typing 血型53
borborygmus 腹鸣13
Born's law 玻恩定则42
Bose–Einstein condensate 玻色-爱因斯坦凝聚43
Boyle's law 波义耳定律62,72,92
Brewster's law 布儒斯特定律32,62
Bruce effect 布鲁斯效应83
Bruun rule 布容法则94
Bunsen–Roscoe law 本生-罗斯科定律32
buoyancy 浮力103
butterfly effect 蝴蝶效应83,103

Buys Ballot's law 白贝罗定律 102

C

capacitive screen 电容屏 23
capillary action 毛细作用 13, 65
carbon dating 碳定年法 43
carbon dioxide as greenhouse gas 温室气体二氧化碳 113
Casimir effect 卡西米尔效应 43
Cassie's law 卡西定律 82
catalysis 催化 23
catenary 悬链线 103
caustic curve 焦散曲线 13
Cavitation 空化 33
centre of gravity 重心 23
Chandrasekhar limit 钱德拉塞卡极限 133
chaos theory 混沌理论 113
chaotic weather system 混沌的天气系统 103
Charles' law 查理定律 12, 63, 72, 92
Cheerios effect 喜瑞尔效应 23
chemical periodicity 化学周期性 42
chemiluminescence 化学发光 34
chimney effect 烟囱效应 23
Cladistics 支序分类学 44
climate change 气候变化 113
clonal colony 克隆种群 83
cocktail party effect 鸡尾酒会效应 34
cohesion 内聚力 13
colour vision 色觉 83
combustion 燃烧 103
comets 彗星 123

Commoner's first law 康芒纳第一法则 82
Commoner's second law 康芒纳第二定律 82
condensation 冷凝 23
conduction 传导 13
conductivity 电导率 103
conservation of angular momentum 角动量守恒 63, 122, 132
conservation of charge 电荷守恒 42
conservation of momentum 动量守恒 32, 92
contrails 凝结尾迹 83
convection 对流 14
convection currents 对流 113
convergent evolution 趋同进化 83
cooling by evaporation 蒸发冷却 65
Coriolis force 科里奥利力 113
coronal mass ejections 日冕物质抛射 126
cosmic microwave background radiation 宇宙微波背景辐射 133
cosmic rays 宇宙射线 23, 74
Coulomb's law 库仑定律 132
covalent bonding 共价键 14
crepuscular rays 曙暮辉 65
CRISPR 成簇的规律间隔的短回文重复序列 53
crystalline solid 结晶固体 44

D

Dalton's law of partial pressures 道尔顿分压定律 92

dark energy 暗能量 133
dark matter 暗物质 133
day and night 白天和黑夜 113
dendrochronology 树木年代学 44
depression of boiling point 沸点降低 103
Dermott's law 底摩特定律 122
dialysis 透析 53
diffraction 衍射 74, 94
diffusion 扩散 65
digestion 消化 53
discovering Earth's structure 探索地球结构 113
Dissolution 溶解 14, 23
DNA fingerprinting DNA 指纹 53
DNA replication DNA 复制 53
DNA structure DNA 结构 44
Doppler cooling 多普勒冷却 44
Doppler effect 多普勒效应 65
Doppler spectroscopy 多普勒光谱学 134
Drake equation 德雷克公式 134
dynamic friction 动摩擦 65
Dzhanibekov effect 贾尼别科夫效应 94

E

$E=mc^2$ 质能方程 44
earthquakes 地震 114
echolocation 回声定位 34
eclipses 蚀 123
eclipsing binaries 食双星 134
ecliptic 黄道 123
ectothermy 外温动物 84
Eddington valve mechanism 爱丁顿阀机制 134

eddy currents 涡流 14
edge effect 边缘效应 84
El Niño effect 厄尔尼诺效应 114
elastic materials 弹性材料 65
electric discharge 放电 104
electrocardiography 心电图 53
electroencephalography 脑电图 54
Electroluminescence 电致发光 14, 65
electromagnetic absorption 电磁吸收 74
electromagnetic pulse 电磁脉冲 104
electromagnetic radiation 电磁辐射 124
electromagnetic repulsion 电磁排斥 84
Electromagnetism 电磁力 24, 104, 114
emulsification 乳化 94
emulsion 乳浊液 14
endosymbiosis 内共生 54
endothermy 内温动物 84
entropy 熵 66
enzymatic hydrolysis 酶解 14
Eötvös effect 厄特沃什效应 114
epigenetics 表观遗传学 54
equatorial bulging 赤道区鼓起 114
equinoxes 二分点 114
erosion 侵蚀 104
Erythema 发红 24
eukaryotes 真核细胞 54
evaporation 蒸发 24
evaporative cooling 蒸发冷却 24, 94
Evapotranspiration 蒸发蒸腾 84

exoplanet direct imaging 系外行星直接成像 134
exponential growth 指数增长 14, 104

F

Faraday effect 法拉第效应 124
Faraday's law of induction 法拉第感应定律 12, 63, 72, 102
fast carbon cycle 快速碳循环 114
faunal succession 动物区系演替 94
feedback effect 反馈效应 24
Feigenbaum number 费根鲍姆常数 24
fermentation 发酵 15
Fermi's golden rule 费米黄金定则 42
ferromagnetism 铁磁性 15
Fibonacci number 斐波那契数 34
Fick's law of diffusion 菲克扩散定律 93
first law of thermodynamics 热力学第一定律 12, 32, 63, 72
flagellum 鞭毛 54
fluid dynamics 流体动力学 104
fluorescence 荧光 15, 34
fractal nature 分形的自然界 84
friction 摩擦 15
future sea levels map 未来海平面图 114

G

gas discharge 气体放电 74
Gay-Lussac's law 盖-吕萨克定律 12, 32, 72
general theory of relativity 广义相对论 74, 134
genes 基因 54
geosynchronous orbit 地球同步轨道 115
giant impact hypothesis 大碰撞假说 124
Gibrat's law 吉布拉定律 102
glaciation 冰川作用 104
global warming 全球变暖 115
graphene 石墨烯 44
gravitational waves 引力波 134
gravity 重力 84
gravity waves 重力波 94
green flash 绿闪 34
greenhouse effect 温室效应 115, 124
Green's law 格林定律 93
Guttation 吐水 34
gyroscopic effect 陀螺效应 74

H

haemostasis 止血 54
Hall effect 霍尔效应 74
harmonics 泛音 34
Hawking radiation 霍金辐射 134
heat capacities 热容量 95
Heaviside layer 海氏层 115
heliosphere 日球层 124
Henry's law 亨利定律 63, 93
Hertzsprung–Russell diagram 赫罗图 135
hibernation 冬眠 84
Hill sphere 希尔球 124
holograms 全息图 44
homeostasis 稳态 54
Hooke's law 胡克定律 33, 63
Hubble's law 哈勃定律 132
hydrogen bonding 氢键 66, 85
hypertension 高血压 55

I

ice ages 冰河时代 115
ideomotor effect 意念运动效应 85
igneous rock formation 火成岩的形成 104
imprinting 印刻 85
incandescence 白炽 95
inflammation 炎症 55
inflationary theory 暴胀理论 135
infra-red laser 红外线激光 74
infusion 输液 55
insulation 隔热 24
interference 干扰 66
inverse square law 平方反比定律 132
ionic bonding 离子键 15
Ionisation 电离 105
iridescence 彩虹色 15, 66
isostatic equilibrium 地壳均衡 105

J

Jeans mass 金斯质量 135
jet stream 喷射气流 105
Joule heating 焦耳热 63
Joule's first law 12 焦耳第一定律 12
Joule–Thomson effect 焦耳-汤姆逊效应 66

K

katabatic wind 下降风 105
Kaye effect 凯伊效应 24
Kelvin wake pattern 开尔文尾流图案 95
Kelvin–Helmholtz instability 开尔文-亥姆霍兹不稳定性 95
Kepler's first law 开普勒第一定律 122
Kepler's second law 开普勒第二定律 122
Kepler's third law 开普勒第三定律 122
Kirchoff's second law of spectroscopy 基尔霍夫第二光谱学定律 122
Kirchoff's third law of spectroscopy 基尔霍夫第三光谱学定律 123
Kirkwood gaps 柯克伍德间隙 124
Kleiber's law 克莱伯定律 82
Krebs cycle 克雷布斯循环 55

L

Lagrange points 拉格朗日点 125
lake-effect snow 湖效应降雪 105
Lambert's first law 朗伯第一定律 72
Lambert's second law 朗伯第二定律 73
Lambert's third law 朗伯第三定律 73
lapse rate 垂直递减率 105
latent heat 潜热 15
law of radioactive decay 放射性衰变定律 63
law of superposition 重叠法则 93
Le Châtelier's principle 勒夏特列原理 33
Leidenfrost effect 莱顿弗罗斯特效应 15

Leighton relationship 莱顿关系 64
Lense–Thirring effect 伦斯-瑟林效应 135
lidar 激光雷达 75
light pressure 光压 125
lightning strike 雷击 105
liquid crystals 液晶 25
Logistic equation 逻辑斯蒂方程 85
longitudinal waves 纵波 35
longshore drift 沿岸流 95
Lorentz force law 洛伦兹力定律 22
lotus effect 莲花效应 35
low-light vision 弱光视觉 35

M

machine learning 机器学习 75
magnetic poles 磁极 115
magnetosphere 磁层 115
Magnus effect 马格努斯效应 95
Maillard reaction 美拉德反应 16
Mandelbrot's coastline paradox 曼德布洛特的海岸线悖论 95
many worlds hypothesis 多世界假说 45
Marangoni effect 马兰戈尼效应 66
Martian meteorites 火星陨石 125
Massenerhebung effect 山体效应 105
Maxwell's colour triangle 麦克斯韦颜色三角形 25
mechanical advantage 机械增益 25,66,75

meiosis 减数分裂 55
Meissner effect 迈斯纳效应 45
melanin and ultraviolet light 黑色素和紫外线 66
Mendelian inheritance 孟德尔遗传 35
meniscus 弯月面 16
metabolism 代谢 55
metallic bonding 金属键 16
metamaterials 超材料 45
metamorphic rock formation 变质岩的形成 106
metamorphosis 变态 85
methane as greenhouse gas 温室气体甲烷 115
mitosis 有丝分裂 55
moiré patterns 莫列波纹 16
MOND 修正的牛顿力学 135
Moon illusion 月亮错觉 35
morphogenesis (Turing patterns) 形态发生—图灵图案 55
moulting 蜕皮 95
multiverse theory 多重宇宙理论 135
murmuration 群飞 85

N

natural fission reactors 天然裂变反应堆 106
natural selection 自然选择 85
Navier–Stokes flow 纳维-斯托克斯流体 85
near Earth asteroids 近地小行星 116
nebula 星云 135
negative pressure 负压 35
neurotransmission 神经传递 56

neutrino oscillation 中微子振荡 125
neutrinos 中微子 116
neutron star formation 星云 135
Newton's first law 牛顿第一定律 64,93
Newton's law of cooling 牛顿冷却定律 64
Newton's law of gravitation 牛顿万有引力定律 64,112
Newton's second law 牛顿第二定律 64
Newton's third law 牛顿第三定律 33,64,93,132
Nice model 尼斯模型 125
nitrogen cycle 氮循环 116
nitrogen fixation 固氮 86
noctilucent clouds 夜光云 35
nocturnal eyesight 夜间视力 86
non-homogeneous mass dynamics 非均质动力学 96
non-Newtonian fluid 非牛顿流体 16
nuclear fusion 核聚变 125
nucleosynthesis 核聚变 136
nucleus 细胞核 56
nyctinasty 感夜性 35

O

Oberth effect 奥伯特效应 125
obliquity 倾斜角 116
Olbers' paradox 奥尔伯斯悖论 136
Oort cloud 奥尔特云 125
Opacity 不透明度 25
orbital resonance 轨道共振 126
orographic clouds 地形云 96
osmosis 渗透 36

Ostwald ripening 奥氏熟化 16
ouzo effect 乌佐效应 36
oxidation 氧化 67,106
ozone layer 臭氧层 116

P

paleomagnetism 古地磁 116
parabolic trajectory 抛物线轨迹 16
parallax 视差 36,136
Pareto principle 帕累托原则 106
partial reflection 部分反射 25
particulates 微粒 67
Pascal's principle 帕斯卡原理 22,96
Pauli exclusion principle 泡利不相容原理 42
peristalsis 蠕动 16
phage 噬菌体 56
photoelectric effect 光电效应 25,36
photonic lattice 光学晶格 86
photoreception 感光 56
photosynthesis 光合作用 67,86
phototaxis 趋光性 36
photovoltaic effect 光伏效应 67
piezo resistance 压电电阻 96
pingos 冰核丘 106
Planck's constant 普朗克常数 45
Planck's law 普朗克定律 64
plasma 等离子体 36
plasma weapon 等离子武器 136
plate tectonics 板块构造学 96,106
Plateau–Rayleigh instability 普拉托-瑞利不稳定性 96
Poiseuille's law 泊肃叶定律 52

polarisation 偏振96
polarising filter 偏振滤光片36
pollination 授粉86
potential difference 电位差106
power 功率75
precession 岁差126
principle of homogeneity 均匀性原理136
principle of intrusive relationships 侵入关系原理106
principle of isotropy 各向同性原理136
principle of lateral continuity 横向连续性原理96
principle of least action 最小作用量原理25
prokaryotes 原核生物56
protein synthesis 蛋白质合成56
proton pump 质子泵56
pulsar 脉冲星136

Q

QED (quantum electrodynamics) 量子电动力学45
QED reflection 量子电动力学反射25
quantum biology 量子生物学75
quantum entanglement 量子纠缠45
quantum leap 量子跃迁17
quantum spin 量子自旋45
quantum superposition 量子叠加45
quantum tunnelling 量子隧穿26,46,126
quark confinement 夸克禁闭46
quasar 类星体136

R

rabbit breeding 兔子繁殖86
radiation 辐射17
radio frequency identification 射频识别75
radioactive decay 放射性衰变46
radioactivity 放射26
rainbow 彩虹86
Rayleigh scattering 瑞利散射67,97
Rayleigh–Bénard convection 瑞利-贝纳德对流17,126
reflexes 条件反射56
refraction 折射46,97
regelation 复冰现象75
relativity of simultaneity 同时性的相对性137
resonance 共振67,75
respiration 呼吸57,86
retrograde rotation 逆行旋转126
retroreflective materials 逆反射材料76
reverberation 混响26
reverse osmosis 反渗透97
rock cycle 岩石循环116
rocket equation 火箭方程137
runaway nuclear fusion 失控的核聚变137

S

Sachs–Wolfe effect 萨克斯-沃尔夫效应137
Schrödinger's cat 薛定谔的猫46
Schrödinger's equation 薛定谔方程46
sea floor spreading 海底扩张116
Second law of thermodynamics 热力学第二定律12,22,33,64,112
secondary cosmic ray shower 次级宇宙射线簇射67
sedimentary rock formation 沉积岩的形成107
self-organised criticality 自组织临界性36
self-organising system 自组织系统76,87,126
self-similarity 自相似性37
sexual reproduction 有性繁殖87
shower curtain effect 浴帘效应26
sidereal period 恒星周期126
siphon 虹吸26
skin effect 趋肤效应107
slow carbon cycle 慢碳循环117
Snell's law of refraction 斯涅尔折射定律73,132
solar energy 太阳能107
solar flares and coronal mass ejections 太阳耀斑和日冕物质抛射126
solar wind 太阳风127
solstices 二至点117
sonic boom 音爆76
special theory of relativity 狭义相对论46,76
spectroscopy 光谱37
specular reflection 镜面反射26
speed of light 光速46
speed of light in material 介质中的光速76
sporulation 孢子形成17
standard model of particle physics 粒子物理标准模型42
standing waves 驻波37
starch gelatinisation 淀粉糊化17
static friction 静摩擦67
stellar core collapse 恒星核心坍缩137
stimulated emission of radiation 受激辐射45
Stokes drift 斯托克斯流97
Stokes' law 斯托克斯定律82,93
strong interaction 强相互作用17,26,87,117,127
subduction 俯冲107
sunset 日落37
sunspot cycles 太阳黑子周期127
superconductivity 超导性57
superfluid 超流体47
superluminal speeds 超光速47
supermoon 超级月亮37
surface tension 表面张力26,37
symbiosis 共生87

T

temperature 温度27
temperature inversion 温度反转107
terminal velocity 终端速度87
Tesla coil/induction 特斯拉线圈/感应47
thermal lag 热滞后97
thermohaline circulation 温盐环流117
thin film interference 薄膜干涉76
third law of thermodynamics 热力学第三定律43
thixotropy 触变性57
tidal forces 潮汐力97
tidal lock 潮汐锁定127

Tolman–Oppenheimer–Volkoff limit 托尔曼-奥本海默-沃尔科夫极限137
torque 扭矩76
total internal reflection 全内反射76
traction 抓地力77
trade winds 信风117
transit photometry 凌日法137
translucence 半透明27
transparency 透明27
transverse wave 横波97
triangulation 三角测量77
triboelectric effect 摩擦起电效应27,107
trophic cascade 营养级联87
tsunami 海啸107
turbulent flow 湍流87
Turing patterns (morphogenesis) 图灵斑图（形态发生）55
Tyndall effect 丁达尔效应77

U

ultra-hydrophobicity 超疏水性37
ultrasound 超声57
ultraviolet light 紫外线66
uncertainty principle 不确定性原理43,133
urban heat island effect 城市热岛效应77

V

vaccination 疫苗接种57
Van der Graaf generator 范德格拉夫起电机47
Van der Waals force 范德华力77
Venturi effect 文丘里效应27,97
virtual image 虚像27
virus 病毒57
viscosity 黏度47
volcanoes 火山117
vortex 涡流27
vortices 旋涡77
vulcanisation 硫化77

W

water cycle 水循环117
waveguide 波导17
wavelength of waves 波长37
wave/particle duality 波粒二象性47
weak interaction 弱相互作用57,117
weakness of gravity 弱引力17
weather front 天气锋107
wheel and axle 轮轴27
where the big bang happened 大爆炸发生地点137
Whitten effect 惠顿效应87
Wilson effect 威尔逊效应127
wind tunnel effect 风洞效应77

X

X-ray fluorescence X射线荧光127
X-rays X射线57

Y

Yarkovsky–O'Keefe–Radzievskii–Paddack effect 亚尔科夫斯基–奥基夫–拉济耶夫斯基–帕达克效应127

Z

Zeeman effect 塞曼效应127
zero resistance 零电阻47
zeroth law of thermodynamics 热力学第零定律13
Zipf's law 齐夫定律73

图书在版编目（CIP）数据

万物如何运行 /（英）亚当·丹特绘,（英）布莱恩·克莱格著；黎璇译. -- 北京：北京联合出版公司,
2023.6

ISBN 978-7-5596-5678-0

Ⅰ.①万… Ⅱ.①亚…②布…③黎… Ⅲ.①科学知识—普及读物 Ⅳ.①Z228

中国版本图书馆CIP数据核字（2021）第220183号

Created and produced by Iqon Editions Ltd.
And first published in the English language in 2021 by Ivy Press
An imprint of The Quarto Group
Copyright © 2021 Quarto Publishing plc
Illustrations copyright © 2021 Adam Dant and Quarto Publishing plc
All rights reserved.
No part of this book may be reproduced or transmitted in any form by any means,
electronic or mechanical, including photocopying, recording or by any information
storage-and-retrieval system, without written permission from the copyright holder.

Simplified Chinese edition copyright © 2023 by Beijing United Publishing Co., Ltd.
All rights reserved.
本作品中文简体字版权由北京联合出版有限责任公司所有

万物如何运行

[英] 亚当·丹特　绘　　[英] 布莱恩·克莱格　著
黎璇　译

出　品　人：赵红仕
出版监制：刘　凯　赵鑫玮
选题策划：联合低音
责任编辑：翦　鑫
装帧设计：聯合書莊

北京联合出版公司出版
（北京市西城区德外大街83号楼9层　100088）
北京联合天畅文化传播公司发行
北京华联印刷有限公司印刷　新华书店经销
字数100千字　710毫米×1000毫米　1/16　10印张
2023年6月第1版　2023年6月第1次印刷
ISBN 978-7-5596-5678-0
定价：88.00元

版权所有，侵权必究
未经许可，不得以任何方式复制或抄袭本书部分或全部内容
本书若有质量问题，请与本公司图书销售中心联系调换。电话：（010）64258472-800

绘　者

亚当·丹特（Adam Dant），国际知名艺术家，他的作品被收藏在伦敦V&A博物馆、纽约现代艺术博物馆（MoMA）、里昂现代艺术博物馆、德意志银行等地，被包括英国国王查尔斯三世在内的许多私人收藏家收藏。他曾在泰特现代美术馆、海沃德画廊等多家美术馆举办展览，并获得哲尔伍德绘画奖。

作　者

布莱恩·克莱格（Brian Clegg），曾于剑桥大学学习自然科学，专注实验物理学。为英国航空公司提供高科技解决方案后，他成立了一家创意咨询公司，曾为英国广播公司（BBC）、英国气象局提供咨询服务。他为《自然》《泰晤士报》《华尔街日报》等众多出版物撰稿，并曾在牛津大学、剑桥大学和英国皇家协会演讲。

译　者

黎璇，中文系毕业，世界自然基金会（WWF）优秀湿地使者，业余从事科普、经济类翻译。